FOREWORD

///////////// **前 言** /////////////

　　党的二十大报告指出，加快发展数字经济，促进数字经济和实体经济深度融合，打造具有国际竞争力的数字产业集群。直播这一形式将是发展数字经济的有力支撑。随着数字化信息技术的发展革新，直播电商已经成为企业进一步拓展销售渠道的新方式。直播电商作为电商时代的新产物，呈现出极强的爆发性，"直播+"模式的出现使直播行业的内容及形式得到丰富、充实，有力地推动了直播行业逐渐走向成熟。作为一种新兴商业模式，直播电商与各个产业链之间有机融合，促进了行业内容及产品创新，为各个行业发展带来了新的增长点，拉动了消费经济快速增长。第53次《中国互联网络发展状况统计报告》显示，截至2023年12月，我国网民规模达10.92亿人，较2022年12月增长2480万人，互联网普及率达77.5%。其中，我国网络直播用户规模达8.16亿人，较2022年12月增长6501万人，占网民整体的74.7%。直播行业的快速发展，也使得直播电商岗位专业人才的需求量增加。

　　相较于传统营销模式，直播电商具有覆盖面广、交互性强、营销成本低、内容丰富等多方面的优势。企业可以通过直播营销的方式搭建直播场景，与用户进行实时互动，及时了解用户需求并给予反馈。这样不仅能够拉近企业与用户之间的距离，节约沟通成本，提高用户忠诚度，而且能够引导用户快速进入直播场景，给用户提供沉浸式消费体验，增强用户精神层面的满足感。而要想做好直播电商，就需要紧跟行业发展趋势，挖掘用户需求，掌握直播电商运营的方法与策略，结合实践灵活变通。

　　本书具有以下特色。

（一）灵活融入素质培养内容，落实立德树人根本任务

　　本书紧密围绕新时代主题和直播电商行业发展趋势，内容设计上与数字经济、社会发展同步，并将社会主义核心价值观、创新精神、诚实守信、爱岗敬业等元素融入任务学习的全过程。

（二）岗课赛证融通，科学构建职业能力体系

本书按照企业岗位设置及要求，结合"1+X"直播电商职业技能等级标准（初级），融入直播电商技能大赛赛项，重构知识体系，将课程内容分设成教学项目，"以任务为驱动，以项目为载体"，提炼出若干典型工作任务，并坚持"教师主导，学生主体"的原则，以适应"岗课赛证"融通的新教学模式。

（三）数字资源支持，助力智慧教学

本书配有微课视频，读者使用手机扫描封面二维码或登录i博导平台即可观看。此外，本书还提供了PPT课件、电子教案、习题等资源，选书老师可以登录人邮教育社区（www.ryjiaoyu.com）下载获取。

本书由北京市对外贸易学校的徐明、孙迎辉担任主编，编者在编写本书的过程中参考了一些与直播电商有关的书籍和相关网站的资料，也得到了很多一线数据分析人员、企业工作人员、院校工作人员等的大力支持和帮助，在此一并表示感谢。

尽管编者在编写本书的过程中力求准确、完善、贴合行业发展，但也难免存在不足之处，敬请广大读者批评指正，以便在今后的修订中进一步完善。

编　者

2024年7月

中等职业教育
改革创新
系列教材

直播电商
实务
微课版

徐明 孙迎辉
主编

人民邮电出版社
北京

图书在版编目（CIP）数据

直播电商实务：微课版 / 徐明，孙迎辉主编. --
北京：人民邮电出版社，2024.8
中等职业教育改革创新系列教材
ISBN 978-7-115-64276-9

Ⅰ. ①直… Ⅱ. ①徐… ②孙… Ⅲ. ①网络营销一中
等专业学校一教材 Ⅳ. ①F713.365.2

中国国家版本馆CIP数据核字(2024)第080448号

内 容 提 要

本书结合直播电商行业发展现状，以项目任务式结构进行组织编写，系统讲解了直播电商各个运营环节的实施流程、策略和技巧。本书基于直播电商的理论知识及实践技能，将典型工作任务拆分为8个项目，分别是直播电商概述、直播平台选择、直播产品选择与定价、直播内容策划、直播前期准备、直播内容实施、直播内容推广和直播效果分析。

本书适合作为职业院校电子商务专业、市场营销专业、计算机专业、商务数据分析专业及相关专业的教材，也可作为从事电子商务工作及相关工作人员的参考用书。

◆ 主　　编　徐　明　孙迎辉
　　责任编辑　连震月
　　责任印制　王　郁　彭志环
◆ 人民邮电出版社出版发行　　北京市丰台区成寿寺路 11 号
　　邮编　100164　　电子邮件　315@ptpress.com.cn
　　网址　https://www.ptpress.com.cn
　　北京天宇星印刷厂印刷
◆ 开本：787×1092　1/16
　　印张：10　　　　　　　　　　2024 年 8 月第 1 版
　　字数：135 千字　　　　　　　2024 年 8 月北京第 1 次印刷

定价：39.80 元

读者服务热线：(010)81055256　印装质量热线：(010)81055316
反盗版热线：(010)81055315
广告经营许可证：京东市监广登字 20170147 号

CONTENTS

目 录

项目一

直播电商概述

项目任务分解

本项目包含了三个任务，具体如下。

任务一　直播电商认知

任务二　直播电商行业发展现状与趋势

任务三　直播电商相关法律规定与监管

本项目旨在引导学生了解直播电商的有关基础知识。通过本项目的学习，学生能够了解直播电商的概念、特点、优势、行业发展现状、行业发展趋势以及直播电商相关法律法规。

学习目标

知识目标

1. 了解直播电商的概念。

2. 熟悉直播电商的特点。

3. 认识直播电商的优势。

4. 熟悉直播电商行业的发展现状。

5. 了解直播电商行业的发展趋势。

能力目标

1. 能够搜集与直播电商相关的法律法规。

2. 能够总结直播电商相关法律法规的主要内容。

素养目标

1. 遵守《网络直播营销管理办法（试行）》中关于直播电商的法律法规，遵循公序良俗，坚持正确导向，弘扬社会主义核心价值观，营造良好的直播环境。

2. 树立法律意识，自觉遵守直播电商相关法律法规。

项目情境

电子商务专业毕业的小何准备入职一家直播电商公司。为了更好地胜任岗位工作，小何需要提前了解与直播电商相关的基础知识，包括直播电商的概念、特点及优势等。此外，他还需要了解直播电商相关法律法规。

任务一 直播电商认知

任务分析

直播电商基础知识包括直播电商的概念、直播电商的特点及优势等。小何需要全面了解与直播电商相关的知识。

任务实施

👤 步骤一：认识直播电商的概念

直播电商是一种将电商与实时直播相结合的商业模式。它通过在线直播平台，由主播以实时视频形式展示和推销商品，同时与用户进行实时互动和销售交流。用户可以在直播中通过发弹幕、评论等方式提问，并可直接购买商品。

👤 步骤二：了解直播电商的特点及优势

（一）直播电商的特点

1. 实时性

直播电商与其他电商营销方式最大的区别就是具有实时性，直播完全与交易事件的发生、发展同步。在以往的电商网购中，用户接触到的信息都是经过商家事先包装、美化的，而直播的出现使得信息可以实现实时传递。

2. 互动性

直播电商可实现实时互动，具有很强的互动性。在直播中，用户可以通过直播平台与主播或其他用户进行实时交流，主播也可及时为用户答疑解惑。另外，直播间互动有利于促进流量转化，如用户在直播间里参与互动答题可获得优惠券，如果用户用优惠券进行消费，就能够有效提高销售额。

3. 真实性

直播电商营造的是一种开放式、场景化的对话氛围。主播实时分享自己的日常，除了表情、语言和动作外，还将所处的环境展示给用户，构建出接近日常对话的真实场景，增加了可信度。

4. 商业性

直播电商具有非常强的商业性质，它主要是一种商家引导消费、促进销售的辅助手段，最终目的是将用户的注意力转化为购买力，实现成交转化。

（二）直播电商的优势

相较于传统电商，直播电商具有较为明显的优势，具体如下。

1. 增强用户对商品的感知

直播电商的优势在于通过实时直播的形式，为用户提供一种与传统线下购物相似的购物体验，从而增强用户对商品的感知。直播电商可以展示商品的真实使用场景和使用效果，让用户更加直观地了解商品的特点、功能和使用方法，增加用户的参与感和信任度。

2. 能够和用户实时互动

通过直播平台，商家可以直接与用户进行互动沟通，回答用户的问题、提供商品演示和解说，甚至根据用户需求调整推荐的商品等。这种实时互动的形式增强了用户的购买信心。

3. 进一步将用户标签化

直播电商平台通过推荐算法和数据分析技术可以进一步将用户标签化。推荐算法是一种利用用户行为数据和个人特征信息来预测用户兴趣并推荐相关内容的技术。通过对用户在平台上的行为（如点击、浏览、购买等）进行分析，推荐算法可以了解用户的兴趣偏好，并根据这些偏好向用户推荐他们可能感兴趣的商品或内容。

4. 节省用户选货时间，提高购买效率

传统的电商平台通常需要用户在海量的商品中进行搜索和筛选，这需要消耗大量的时间和精力。而在直播电商平台，主播会即时提供商品的链接，用户只需点击链接即可完成购买，无须跳转到其他页面或进行复杂的操作。这种直

接的购买方式能够节约用户时间，提高购买效率。

任务二　直播电商行业发展现状与趋势

任务分析

了解了直播电商的基础知识后，小何还需要对直播电商行业的发展有一定的认知，包括直播电商行业的发展现状及发展趋势。

任务实施

步骤一：明确直播电商行业的发展现状

（一）网络直播用户规模快速增长

中国互联网络信息中心发布的第 53 次《中国互联网络发展状况统计报告》显示，截至 2023 年 12 月，我国网民规模达 10.92 亿人，较 2022 年 12 月增长 2480 万人；互联网普及率达 77.5%，较 2022 年 12 月提升 1.9 个百分点。我国手机网民规模达 10.91 亿人，较 2022 年 12 月增长 2562 万人，网民中使用手机上网的比例为 99.9%。我国网络直播用户规模达 8.16 亿人，较 2022 年 12 月增长 6501 万人，占网民整体的 74.7%。

（二）直播电商交易规模持续增长

第 53 次《中国互联网络发展状况统计报告》数据显示，2023 年，全国网上零售额达 15.42 万亿元，同比增长 11%。其中，实物商品网上零售额比上年增长 8.4%，占社会消费品零售总额的比重达到 27.6%。截至 2023 年 12 月，我国网络购物用户规模达 9.15 亿人，较 2022 年 12 月增长 6967 万人，占网民整体的 83.8%。直播已经成为电商市场常态化的营销方式与销售渠道，未来电商下单用户数、下单频次及客单价均会继续提高。

（三）直播平台和直播内容多元化发展

直播电商的多元化不仅体现在直播平台上，也体现在直播内容上。一方面淘宝、抖音、快手、拼多多、京东、唯品会等平台共同促进着直播电商行业的快速发展；另一方面直播内容的主题越来越丰富，不仅有直播"带货"，还有教育、健身、美妆等内容。随着社会的发展，直播平台和直播内容会更丰富且全面。

步骤二：明确直播电商行业的发展趋势

（一）直播内容形式更加多元化

随着技术的发展和用户需求的变化，直播电商不再局限于商品展示和销售，而是逐渐向更加丰富多样的内容形式发展。除了传统的商品展示和促销，未来直播电商将更加注重娱乐性、互动性和社交性的内容呈现。这意味着直播电商将与综艺节目、游戏、短视频等形式融合，打造出更具个性化和趣味性的直播内容。同时，直播电商还将通过与演员等合作，引入更多的人设、品牌故事和专业知识，提升用户对商品的信任度和购买欲望。未来直播电商将以多元化的内容形式吸引用户，增强用户购物的参与感。

（二）直播电商场景更加智能化和互动化

未来直播电商场景将运用更多新技术，驱动直播场景创新升级。随着科技的不断发展，直播电商场景将更加智能化和互动化。例如，人工智能技术将被应用于直播平台，通过分析用户数据和行为，实现个性化推荐和定制购物体验。同时，增强现实技术和虚拟现实技术也将得到广泛应用，消费者可以在虚拟环境中体验商品，增强用户购物的参与感。此外，5G 技术的普及将极大提升直播的流畅度和画质，让用户可以观看更高清的直播内容。未来还可能出现更多的跨界合作和创新，例如直播电商与游戏、音乐、艺术等领域联动，为用户带来更全面、丰富的体验。

（三）直播电商服务更加定制化和精细化

未来的直播电商将趋向定制化和精细化。随着技术的持续发展，直播电商平台将提供更多个性化、定制化的服务。直播平台通过分析用户的喜好、购买历史等数据，为每个用户量身定制直播内容，推荐更符合用户需求的商品。同时，直播电商还将借助人工智能和大数据技术，实现更精准的推荐和预测，从而提高用户购物的便利性和满意度。精细化直播定制将为用户提供更加个性化、高效率的购物体验，同时也将为商家提供更多的销售机会和发展空间。

任务三 直播电商相关法律规定与监管

任务分析

了解了直播电商行业的发展现状与趋势后，小何还需要对与直播电商行业相关的法律法规有一定的认知，了解近几年与直播电商行业相关的法律法规名称，并针对其内容进行学习和梳理。

任务实施

👤 步骤一：了解直播电商有哪些相关法律法规

直播电商相关法律法规在于保护消费者权益、规范市场秩序和促进行业健康发展。这些法律法规能够为直播电商提供明确的指导，使商家在经营过程中遵守规则，避免违法违规行为的发生。表 1-1 所示为直播电商相关法律法规汇总。

表 1-1　直播电商相关法律法规汇总

发布时间	法律法规名称
2016 年 11 月 4 日	《互联网直播服务管理规定》

（续表）

发布时间	法律法规名称
2020 年 6 月 26 日	《网络直播营销行为规范》
2020 年 5 月 18 日	《视频直播购物运营和服务基本规范》
2020 年 9 月 28 日	《网络直播和短视频营销平台自律公约》
2020 年 11 月 5 日	《关于加强网络直播营销活动监管的指导意见》
2022 年 3 月 25 日	《关于进一步规范网络直播营利行为促进行业健康发展的意见》

步骤二：熟悉直播电商相关法律法规主要内容

（一）《互联网直播服务管理规定》

2016 年 11 月 4 日，国家互联网信息办公室印发《互联网直播服务管理规定》。《互联网直播服务管理规定》是为加强对互联网直播服务的管理，保护公民、法人和其他组织的合法权益，维护国家安全和公共利益而制定的法规。《互联网直播服务管理规定》明确禁止互联网直播服务提供者和使用者利用互联网直播服务从事危害国家安全、破坏社会稳定、扰乱社会秩序、侵犯他人合法权益等活动。

（二）《网络直播营销行为规范》

2020 年 6 月 26 日，中国广告协会发布了《网络直播营销行为规范》，并于 2020 年 7 月 1 日正式施行。《网络直播营销行为规范》属于行业自律规范，虽然不能直接作为行政执法、司法裁判依据，但是能够为相关主体从事网络直播营销行为提供行为指南，对加强行业自律、促进行业健康发展具有重要作用。《网络直播营销行为规范》内容十分庞杂，涉及网络直播营销行业各方面的法律问题。如果某种行为在违反《网络直播营销行为规范》的同时又违反了其他法律法规，就可以直接依据相关法律法规进行处理。同时，对违反《网络直播营销行为规范》的行为，中国广告协会将进行提示劝诫、督促整改、公开批评；对涉嫌违法的，则会提请政府监管机关依法进行查处等。

（三）《视频直播购物运营和服务基本规范》

2020 年 5 月 18 日，中国商业联合会媒体购物专业委员会发布《关于〈视频直播购物运营和服务基本规范〉团体标准征求意见和通知》。《视频直播购物运营和服务基本规范》规定了视频直播购物经营的范围、术语和定义、总体要求、从业人员、商品质量、运营管理、服务、监督管理等要求，适用于商贸流通行业内视频直播购物经营等管理。

（四）《网络直播和短视频营销平台自律公约》

2020 年 9 月 28 日，北京市市场监督管理局官方网站刊登新闻：北京市市场监管部门积极探索互联网新业态治理创新，三家企业发布《网络直播和短视频营销平台自律公约》，主要针对平台经营者推荐禁限售商品、货不对板、虚假宣传、违法广告、私下交易、责任主体不清、消费维权不畅等问题作出规范。该自律公约从 2020 年 10 月 1 日起开始执行。其中约定，各平台将共享严重违法主播信息，同时，还要建立网络直播营销信息公示制度，完善违法行为处置公示制度等。

（五）《关于加强网络直播营销活动监管的指导意见》

2020 年 11 月 5 日，国家市场监督管理总局印发《关于加强网络直播营销活动监管的指导意见》，明确了网络直播营销活动中相关主体的法律责任，特别是明确了直播营销活动中网络平台和网络直播者的法律责任和义务，对指导基层执法和促进行业规范具有十分重要的意义。

（六）《关于进一步规范网络直播营利行为促进行业健康发展的意见》

为进一步规范网络直播营利行为、促进行业健康发展，2022 年 3 月 25 日，国家互联网信息办公室、国家税务总局、国家市场监督管理总局联合印发了《关于进一步规范网络直播营利行为促进行业健康发展的意见》。该文件指出，加强对网络直播营利行为的规范性引导，鼓励支持网络直播依法合规经营，切实推动网络直播行业在发展中规范、在规范中发展。

知识链接

直播电商的盈利模式

1. 商品销售

主播在直播平台上进行商品展示和销售，观众可以直接在直播中购买商品。平台通过提供销售渠道获取一定比例的佣金或服务费用。

2. 广告收入

直播平台可以为品牌商家提供广告投放机会，如在直播间插播广告或与主播合作进行品牌推广，并根据广告的曝光量或点击量来收取广告费用。

3. 打赏变现

观众可以在直播中给主播送礼物，包括虚拟礼物和实物礼品。直播平台会从中抽取一定的手续费或提成。

4. 代运营服务

直播平台可以为品牌商家提供代运营服务，帮助他们策划和执行直播活动，包括主播的选取、内容的制作和推广等，从中收取服务费用。

5. 版权授权

直播平台可以与影视、音乐、游戏等内容提供方签订版权授权协议，将其内容分享到直播平台上，以吸引更多的观众。平台从版权方获得相关费用或分成。

6. 联合营销

直播平台可以与其他电商平台、品牌商家等进行合作，通过联合推广和共同营销的方式获取分成或收入。

素养园地

规范直播行为　营造良好的直播电商环境

近年来，网络直播在促进灵活就业、服务经济发展等方面发挥了重要作用。但是，随着网络直播行业的快速发展，网络直播平台管理责任不到位、商业营销行为不规范、偷逃缴纳税款等问题也不断出现，制约着行业健康发展，损害了社会公平正义。为进一步规范网络直播营利行为、促进行业健康发展，2022年3月25日，国家互联网信息办公室、国家税务总局、国家市场监督管理总局联合印发了《关于进一步规范网络直播营利行为促进行业健康发展的意见》。

该文件规定，网络直播平台和网络直播发布者不得对商品生产经营主体以及商品的性能、功能、质量、来源、曾获荣誉、资格资质、销售状况、交易信息、经营数据、用户评价等进行虚假或者引人误解的商业宣传，欺骗、误导消费者或者相关公众，不得帮助其他经营者实施上述行为。网络直播平台和网络直播发布者销售商品或者提供服务，采用价格比较方式开展促销活动的，应以文字形式显著标明销售价格、被比较价格及含义。网络直播平台和网络直播发布者不得利用服务协议、交易规则及技术手段，对其他经营者在直播间的交易、交易价格等进行不合理限制或者附加不合理条件，或者向商家收取不合理费用。

营造良好的直播电商环境不仅要依靠国家各部门的监管，还要通过直播从业人员不断规范自身直播行为、严格要求自己来实现。直播从业人员应依据各大直播平台规范开展直播活动，共同营造良好的直播电商环境。

同步实训

一、实训概述

本实训项目要求学生上网搜集 3 ～ 5 条与直播电商相关的法律法规名称，并整理概括其主要内容。

二、实训步骤

除书中介绍的直播电商相关法律法规，同学们再上网搜集 3 ～ 4 条与直播电商相关的法律法规，并总结出每条法律法规的主要内容。

步骤 1：上网搜集与直播电商相关的法律法规。

步骤 2：总结与直播电商相关的法律法规的主要内容，并填写表 1-2。

表 1-2　直播电商相关法律法规内容汇总

名称	主要内容	来源

项目二

直播平台选择

项目任务分解

本项目包含了三个任务，具体如下。

任务一　直播平台认知

任务二　直播平台选择的方法和流程

任务三　直播平台入驻

本项目旨在引导学生认识常见的直播平台，了解不同直播平台的特点，学会直播平台选择的方法，熟悉不同直播平台入驻的流程。

学习目标

知识目标

1. 熟悉常见的直播平台。

2. 了解直播平台选择的方法。

3. 熟悉直播平台入驻的流程。

能力目标

1. 能够根据平台特点、自身定位等选择合适的直播平台。

2. 能够根据不同平台的要求完成直播平台的入驻。

素养目标

1. 了解淘宝、抖音、快手等直播平台管理规范中对直播入驻、直播选品的要求。

2. 培养规则意识，自觉遵守各大直播平台管理规范。

项目情境

小何入职了一家直播电商公司的运营岗位。近期，公司将举办一场产品促销活动，领导安排小何选择合适的直播平台并入驻。为此，小何需要提前认识常见的直播平台的类型，了解直播平台选择的方法，熟悉不同直播平台入驻的流程。

任务一 直播平台认知

任务分析

当下有许多直播平台，例如淘宝、抖音、快手等，不同直播平台具有不同的定位和优势。小何首先需要了解常见的直播平台有哪些，这些直播平台的定位和优势分别是什么。

任务实施

👤 步骤一：认识淘宝直播平台

（一）平台介绍

淘宝直播平台属于电商类直播平台，于 2016 年上线试运营。淘宝直播平台的入口位于手机淘宝应用程序（Application，App）首页，如图 2-1 所示。进入"淘宝直播"页面可以查看店铺或者达人的"带货"直播。"淘宝直播"页面有多个频道供用户选择观看，用户可以根据自身需求和喜好观看不同频道的直播，如运动户外、花鸟市场、家乡好货、居家生活等，如图 2-2 所示。

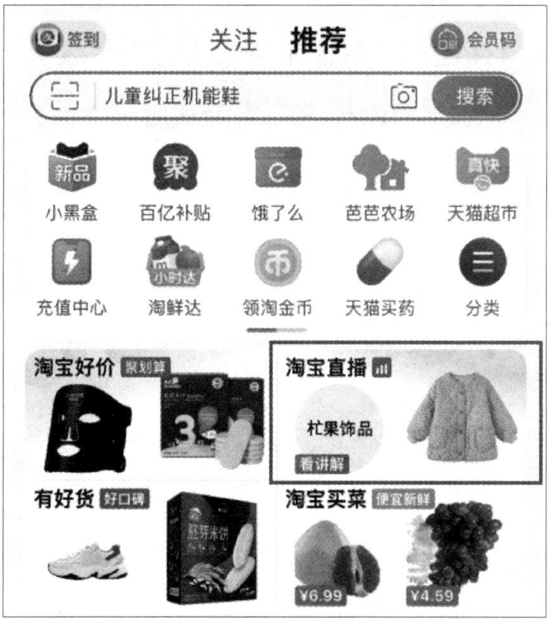

图2-1　淘宝直播

图2-2　淘宝直播频道类型

（二）平台定位

淘宝直播是一个专注于生活消费、为用户提供专业购物指引的电商直播平台，主播可以通过直播间与用户进行深度互动，沉淀粉丝，实现自身价值。平台定位为消费类直播，直播内容涵盖了母婴、美妆、潮搭、美食、运动等。

（三）用户特征

1. 用户规模

《2022淘宝直播年度新消费趋势报告》显示，淘宝直播作为消费类直播平台，累计观看人次已超500亿。

2. 用户属性

淘宝直播的用户群体中，女性占比远大于男性，但男性用户增长明显。从城市分布上看，淘宝直播的用户群体主要集中在一二线城市和五六线城市。从年龄分布上看，淘宝直播的用户群体主要为"80后""90后"，其次是"70后"，"00后"和"70前"的占比也在逐渐提高。从用户活跃时间来看，用户观看淘宝直播的时间集中在18：00之后，用户数量在21：00—22：00达到高峰。

3. 用户消费偏好

淘宝直播用户的消费偏好根据性别、年龄、地域的差异呈现出不同的特征。例如，男性用户更喜欢购买家电和汽车品类，女性用户更喜欢购买美妆和女装品类；"70前"和"70后"用户喜欢购买鲜花、家装品类，"80后"和"90后"对各品类的偏好比较均衡，但"90后"对美妆品类的兴趣比"80后"大，"00后"则偏好服装、数码和美妆品类；一二线城市的用户一般喜欢看本地生活的直播，三线及以下城市的用户则对母婴、汽车、食品等品类的直播更感兴趣；等等。

（四）平台优势

1. 庞大的用户群体

淘宝直播平台作为阿里巴巴集团的一部分，具有淘宝和天猫等电商平台庞大的用户基础。这意味着有数亿个潜在消费者可能会在直播中观看和购买商品。

2. 个性化推荐

淘宝直播平台可以根据用户的购物历史和行为数据，为他们提供个性化的商品推荐。这增加了用户在直播中找到感兴趣商品的机会。

3. 商品品类多，供应链完善

依托淘宝强大的商品供应能力、用户数据分析能力、支付保障和售后保障体系，淘宝直播可以提供完整的用户运营链路及更有保障的物流服务。

步骤二：认识抖音直播平台

（一）平台介绍

抖音于 2017 年上线了直播功能，抖音直播平台主要是指抖音 App。在抖音 App 中，打开首页的"开直播"，用户可以进行直播，如图 2-3 所示。用户可以根据自身优势选择直播内容，如音乐、舞蹈、聊天互动、户外、文化才艺等，如图 2-4 所示。

图2-3　抖音—开直播

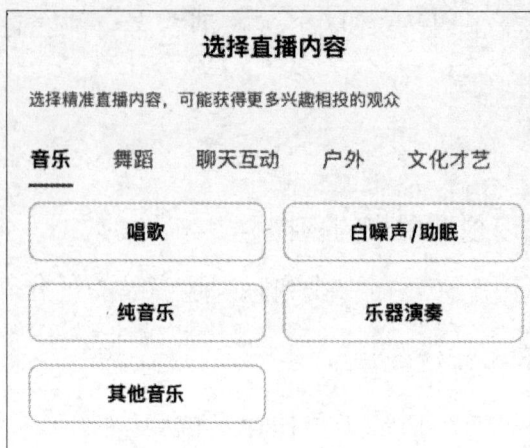

选择直播内容

选择精准直播内容，可能获得更多兴趣相投的观众

音乐　舞蹈　聊天互动　户外　文化才艺

唱歌	白噪声/助眠
纯音乐	乐器演奏
其他音乐	

图2-4　选择直播内容

（二）平台定位

抖音直播平台的定位是一个融合了娱乐、社交互动和个性化推荐的短视频直播平台，旨在为用户提供娱乐和社交的同时，为内容创作者和商家提供推广和商业化的机会。

（三）用户特征

抖音直播的用户其实就是抖音的用户。抖音用户集中于一线城市，城市级别越低，用户量越少；20～30岁的年轻人是抖音的主力军；女性用户较男性用户更喜欢使用抖音记录生活中有趣的事情。在年龄上，女性用户偏年轻，男性用户偏年老。抖音用户活跃时间有两个高峰期：12：00—13：00和19：00—21：00。

（四）平台优势

抖音直播平台的优势主要表现在以下几个方面。

1．传播速度快

相比传统营销模式，利用抖音短视频"带货"可以实现病毒式的传播速度，将互联网的优势淋漓尽致地发挥出来。重要的是，在快节奏的生活方式下，抖音"带货"尤其受到用户青睐。

2. 入驻门槛低

较之于传统广告营销需要大量的人力、物力、精力的投入，抖音"带货"入驻门槛更低，成本也相对较少。抖音"带货"短视频内容的创作者可以是企业，也可以是个人。其内容制作、用户自发传播及粉丝维护的成本相对较低。

3. 数据效果可视化

抖音"带货"相比传统营销的一个明显特点是可以对短视频的传播范围及效果进行数据分析，包括有多少人关注、有多少人浏览、被转载多少次、评论有多少条、有多少人互动等。不管是哪一类"带货"短视频，都能直观地看到播放量、评论量等数据。通过数据分析，及对对标账号、行业竞争对手等数据进行观察，掌握行业风向，调整并及时优化"带货"短视频内容，从而达到更好的营销效果。

4. 购物模式方便快捷

抖音直播平台的购物模式是基于平台自带的"商品橱窗"功能实现的，开通"商品橱窗"功能后，主播就拥有商品分享、开通小店的权限。其购物模式有两种：一种是开通小店并与抖音账号进行绑定，分享小店中的商品就可以直接实现销售；另一种是通过精选联盟添加商品，以链接跳转的形式实现商品销售。

5. 推荐算法更精准

与淘宝直播平台相比，抖音直播平台最大的特色在于精准的推荐算法，平台会根据用户的喜好、标签等进行主动推荐，是一种基于用户和内容的个性化的推荐机制。平台设有流量池等级，当直播内容达到一定的要求后，就可以获得被推荐到相对应流量池的机会。例如，一个新注册的账号刚开始没有太多的粉丝，发布的直播内容可能会被优先推荐给粉丝及附近的流量池，这个流量池可能只有一百到两百人。当观看的人数增多、关注的粉丝增多后，平台会将直播内容推荐到一千人以上的流量池中。依次类推，平台进行叠加计算，让每一位主播的内容都有可能获得海量曝光的机会。

👤 步骤三：认识快手直播平台

（一）平台介绍

快手直播平台是快手平台的专业直播平台，是当前电商领域非常受欢迎的直播平台之一。快手直播平台拥有较为丰富的直播内容类型，例如购物直播、媒体直播、健康直播、美妆直播、文玩直播、旅游直播等，如图2-5所示。

图2-5　快手直播内容类型

（二）平台定位

2021年年底快手提出"新市井电商"的全新定位，并在2022年引力大会上详细阐述了该定位的内涵。市井商业是真实生活、生态在数字商业系统的重构，其中，"市"类比实体商圈，对应了公域的流量，在快手中即为发现页、精选页；"井"类比个体商铺，对应了私域的流量，在快手中即为关注页、主页。快手内容丰富、社交关联属性强的特点天然适配了新市井的商业逻辑。

（三）用户特征

《2022年短视频直播电商洞察报告》显示，2022年，快手平均日活跃用户数为3.58亿，较2021年同期的3.08亿增长约5000万。平均每位日活跃用户日均使用时长为129.2分钟。快手的男性用户占比55.8%，女性用户占比44.2%，男女比例差别不是特别明显；用户以31岁以上人群为主，向两端辐射，31～35岁的用户居多，占比29.6%，41岁及以上用户占比最小，只有6.6%；一线城市的用户占比最小，只有9.2%，三线城市的用户占比最多，高达22.2%。

（四）平台优势

快手直播平台虽然与抖音直播平台一样将直播作为一种平台变现的方式，但是在具体发展中，又表现出了其独有的优势。

1. 直播内容多样

快手与抖音一样，最开始是一款短视频软件，内容包罗万象，但更多的是素人原创内容，如唱歌、跳舞、解说等。很多快手创作者都会将生活中的点滴记录下来，作为自己的直播素材。

基于平台的发展特性，快手的直播分为生活内容和电商内容两大块：生活内容多以娱乐、分享为主，直播一些有趣、有料的内容，如音乐节直播等；电商直播则是一些在平台积累了大量粉丝的主播通过在线商品推销实现变现的目的，如"网红"直播、名人直播等。

2. 购物方便快捷

快手直播要实现商品交易，需要先开通快手小店，在快手小店中上架商品。当主播直播时，将商品分享到购物车中，用户观看直播的同时，就可以实现边看边买。快手的购物依靠的是快手平台的支付系统和快手平台的电商购物流程，和淘宝直播一样，能为用户提供边看边买的良好体验。

3. 平台算法去中心化

快手平台独有的特性便是去中心化的普惠算法，其本质是智能分发、叠加推荐及热度加权。当一个新用户在快手平台开通直播后，平台系统会根据用户的注册资料、手机机型、地理位置和周边用户等情况，对用户做一个特征分析，然后再将直播内容匹配和分发给其他可能对这个内容感兴趣的用户；随后平台系统会综合直播内容的评论量、点赞量、转发量等数据去综合评估内容权重，然后再进行叠加推荐、热度加权等，让新用户的直播内容能够进入快手的推荐内容池中，被更多的用户观看。

任务二　直播平台选择的方法和流程

任务分析

当下有许多直播平台，例如淘宝、抖音、快手等，不同直播平台具有不同的定位和优势。小何在了解了常见的直播平台后，接下来需要结合营销需求，选择合适的直播平台。

任务实施

👤 步骤一：了解选择直播平台的方法

（一）了解不同的直播平台

通过网络搜索了解目前市场上不同直播平台的特点、用户群体和使用规则等信息。

（二）比较不同平台的特点

针对直播需求，比较不同平台的特点。例如，一些平台更适合游戏直播，而另一些则更适合教育、娱乐或商务直播。根据直播内容类型和受众，选择最符合需求的直播平台。

（三）考虑平台的稳定性和技术支持

直播平台的稳定性对用户体验至关重要。可以参考其他用户的评价或者自己试用不同平台的直播功能，来评估其稳定性和用户体验。另外，要了解平台是否提供良好的技术支持，以便在遇到问题时能够及时解决。

（四）关注平台的用户数量和活跃度

直播平台的用户数量和活跃度也是一个重要的指标。一个拥有大量活跃用户的平台可能会吸引更多的用户看直播，从而增加直播的曝光度和观看量。

（五）了解平台的盈利模式和分成比例

如果计划通过直播获得收入，那么需要了解不同平台的盈利模式和分成比例。有些平台会通过提供广告分成、虚拟礼物收入或付费订阅等方式来帮助主播获取收入。

👤 步骤二：熟悉直播平台的选择流程

（一）进行直播定位

直播平台的选择，第一步是进行直播定位。直播定位是指明确想要通过直播实现的目标，并确定目标受众。在进行直播定位时，首先要确定直播的目标，例如推广商品、展示技能、分享知识等，明确目标有助于找到适合的平台和受众。除此之外，还需了解目标受众的兴趣、需求和偏好，如果想要吸引年轻人，则需要选择热门的、年轻人偏爱的直播平台。

（二）确定直播内容

确定直播内容主要是确定直播形式和互动形式，因为不同的直播形式和互动形式会直接影响直播平台的选择。通常直播形式有娱乐幽默式直播、教学培训式直播、卖货式直播，以及开箱测评式直播等；互动形式主要体现在直播的活动上，常见的活动有抽奖、发红包、与粉丝"连麦"等。

（三）平台对比分析

通过对直播平台进行对比分析，选择适合自己的直播平台。常见直播平台对比如表 2-1 所示。

表 2-1　常见直播平台对比

直播平台	受众及特点	直播类型	入驻门槛	获取流量的方式及特点
淘宝直播	面向所有人群，用户随机性低，精准度较高	达人直播、店铺直播	达人直播：达人等级升到V2，获得浮现权 店铺直播：卖家服务评级系统评分大于或等于4.6、店铺信用等级在一钻及以上	1. 站内私域流量：通过对店铺私域、微淘等渠道的预热，引导粉丝访问直播间 2. 站外私域流量：通过外部社交平台和工具拉新 3. 粉丝互动：可通过"粉丝分层"设置粉丝与卖家的互动规则
抖音直播	面向所有人群，用户随机性低，精准度较高	个人直播	"带货"门槛：个人主页非隐私视频大于或等于10条、抖音账号粉丝数大于或等于1000	1. 做内容积累粉丝 2. 打官方广告购买直播推广 3. 点击首页左上角"直播"按钮可随机进入直播间，直播列表随机推荐优质直播间 4. 主播可以通过收礼物增加"音浪"，在直播后提现
快手直播	面向所有人群，用户随机性低，精准度较高	个人直播	入驻门槛：注册时间大于7天、粉丝数大于5、年满18岁、实名认证，一张身份证仅可以与一个快手ID绑定	1. 做内容积累粉丝 2. 购买直播推广 3. 点击首页左上角"更多"按钮,点击"直播广场"按钮可随机进入直播间，直播列表随机推荐优质直播间 4. 主播可以通过收礼物增加"快币"，在直播后提现

（四）选择直播平台

对直播内容、直播平台等进行分析，再结合自己的实际情况选择适合的直播平台。

任务三 | 直播平台入驻

任务分析

了解了淘宝、抖音、快手直播平台的定位及优势，知晓了直播平台的选择方法和流程后，接下来，小何需要入驻合适的直播平台。

任务实施

👤 步骤一：淘宝直播平台入驻

下面将以入驻淘宝直播平台为例，介绍具体的入驻步骤。

步骤 1 下载淘宝主播App。

苹果手机用户可在App Store检索"淘宝主播"下载软件，打开软件后点击页面的"立即入驻"按钮即可。安卓手机用户可在应用市场搜索下载"淘宝主播"App并入驻。图2-6所示为苹果手机"淘宝主播"App搜索结果。

图2-6 苹果手机"淘宝主播"App搜索结果

步骤 2 账号登录。

淘宝达人可以个人实名认证的淘宝账号/支付宝账号登录淘宝主播App。图2-7所示为淘宝主播App账号登录页面。

图2-7 账号登录页面

步骤 3 点击入驻。

登录淘宝主播App后，进入个人中心页面，点击"立即入驻，即可开启直播"按钮，如图2-8所示。

图2-8 点击入驻

步骤 4 完成认证。

完成实名认证、实人认证和出镜者确认。实名认证要求当前登录账号需与淘宝App账号保持一致；实人认证需要通过人脸识别的方式进行认证；出镜者确认要求确认账号是否为本人开播。图2-9所示为入驻淘宝主播认证页面。

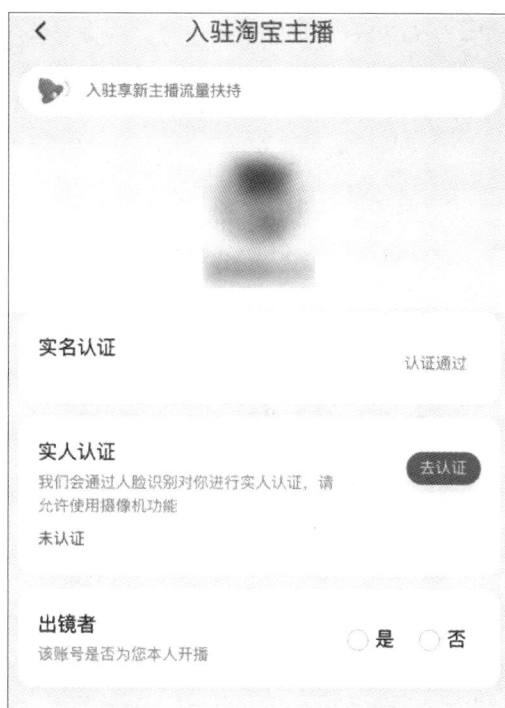

图2-9 入驻淘宝主播认证页面

步骤 5 入驻成功。

完成认证后，勾选阅读平台协议，就可以确认入驻进行开播。开直播页面如图2-10所示。

图2-10 开直播页面

👤 步骤二：抖音直播平台入驻

入驻抖音直播平台的具体流程如下。

步骤 1 在应用市场中搜索"抖音"关键词，如图2-11所示，下载抖音App，并完成安装。

图2-11 应用市场搜索抖音App

步骤 2 安装完成后，点击抖音App图标，进入抖音App首页，点击底部导航栏中的"我"，进入登录页面，如图2-12所示。选择手机号登录或者其他方式登录，完成抖音账号登录。

图2-12 抖音账号登录页面

步骤 3 开通抖音账号之后，需要持续更新短视频内容，达到开通"商品橱窗"的条件，达到要求后，点击"我"页面右上角的列表图标，选择"创作者服务中心"，如图2-13所示。选择该页面"变现能力"模块中的"商品橱窗"，如图2-14所示。选择"商品分享权限"或者"开通小店"，获得商品分享权限，如图2-15所示。

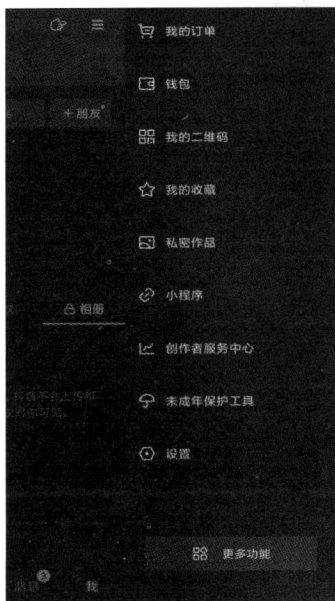

图2-13 选择"创作者服务中心"

图2-14 选择"商品橱窗"

图2-15 申请权限

步骤 4 申请到权限后，就可以返回抖音App首页，点击底部导航栏中的"+"按钮，选择"开直播"，开始直播，如图2-16所示。在直播过程中，可以添加商品进行分享。

图2-16　开始直播

👤 步骤三：快手直播平台入驻

入驻快手直播平台的具体流程如下。

步骤 1 注册成为快手平台用户。下载快手App，进入快手App首页，如图2-17所示，选择左上角的"登录"。选择登录方式，按照提示完成入驻平台操作。

图2-17　快手App首页

步骤 2 登录账号后，点击快手App首页左上角的列表图标，打开个人中心菜单栏，选择"快手小店"，如图2-18所示。

图2-18 选择"快手小店"选项

步骤 3 进入快手小店页面后，点击右上角的"开店"按钮，进行身份认证，如图2-19所示。

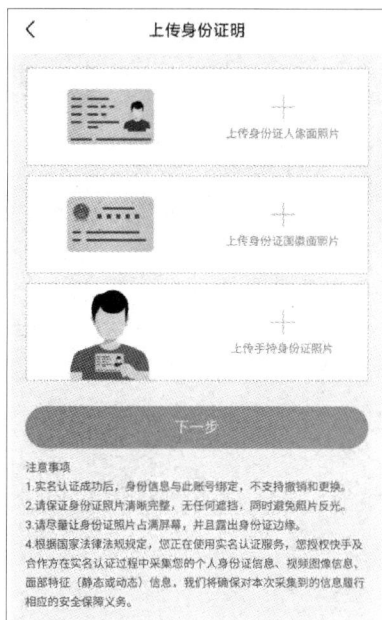

图2-19 身份认证

步骤 4 提交认证信息后，等待审核通过后就可以在快手小店中上架商品了，如图2-20所示。

图2-20　快手小店卖家端页面

步骤 5 返回快手App首页，点击底部导航栏中的照相机图标，进入拍摄页面，选择"开直播"模式，如图2-21所示。完成直播前的信息发布后，就可以点击"开始视频直播"按钮开始直播。

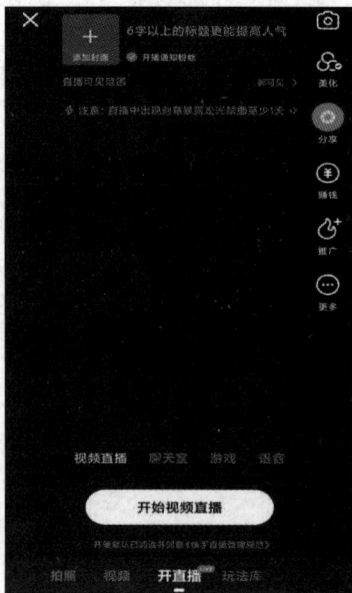

图2-21　"开直播"页面

知识链接

快手平台的推荐机制

1. 流量池分配

快手平台流量推荐机制完全依据快手平台控制系统的一种逻辑算法。算法的重点是转发、评论、点赞、关注、收藏的数据占播放量的比例。平台依据每一阶段的相关参数的大小配发流量，决定发布的内容是否有权进入下一个高级的流量池。

2. 叠加推荐

对于新发布的快手短视频，系统会分配一个基础的推荐量，随着短视频热度的不断上升，系统会根据加权指数的高低给予短视频适量的推荐。此外，系统还会根据短视频的完播率、点赞数、评论率和转发率得出推荐量。因此，要想获得高的推荐量，可以通过短视频的标题设置、文案设置引导用户进行评论，增加系统采集到的数据。

3. 热度加权

热度加权是流量分配的根本依据。一条短视频发布以后播放量能否从几百到几千再到几万、几十万，其决定因素是转发、评论、点赞的数据。一开始的基础展现量是系统依据账号的权重确定的，一般都在200～500不等。所谓展现，就是创作者发布作品后，快手平台推荐系统会将其推荐给用户。作品的播放量是由作品的标题和封面对用户的吸引力决定的。用户观看作品就产生对应的播放量。系统会依据展现量和播放量决定要不要继续推荐作品。

📝 **素养园地**

规范入驻直播平台 提高直播平台入驻门槛

在万物互联互通的时代，数字经济迅猛发展，人工智能和大数据多维度赋能实体经济，线上线下融合等新消费模式日益发展。国家对数字经济高度支持，工业和信息化部加快5G技术与新型消费模式的结合，国家鼓励直播"带货"行业的发展与开拓，全国已经产生数字化驱动的消费市场。

然而，直播"带货"暴露出诸多问题，譬如各大直播平台主播素质良莠不齐、未成年人沉迷直播、直播内容低俗等。这些直播乱象不仅挫伤用户对电商直播的信心，更对直播"带货"行业的可持续发展极为不利。

出现这些问题的根本原因是各电商平台没能及时建立起系统完备的"带货"主播入驻门槛。以淘宝为例，淘宝于2023年3月修改了《淘宝直播管理规则》，对主播的言谈举止及信息发布做出了非常细致的规定。并且，淘宝通过积分制的方式对违反规定的主播实施冻结权限、账户降级、账户清退等惩治措施。其中的入驻规则虽多次提到"主播素质"一词，却未对"主播素质"做出详细要求。

为加强网络直播营销管理，维护国家安全和公共利益，保护公民、法人和其他组织的合法权益，促进网络直播营销健康有序发展，2021年，国家互联网信息办公室等七部门联合发布了《网络直播营销管理办法（试行）》。该办法对各大直播营销平台做出了明确规定，规定直播营销平台应当依据相关法律法规和国家有关规定，制定并公开网络直播营销管理规则、平台公约。制定严格的直播平台入驻规则、提高直播平台入驻门槛，能够有效预防未成年人沉迷直播、主播素质良莠不齐、直播内容低俗等问题。

直播"带货"这一新兴营销行为的参与主体，如主播、商户、平台、监督机关等，应共同承担义务和责任，形成多方主体共同参与的多方治理格局。只有明确各方主体的权利义务，明确保护各方主体的合法权益，直播"带货"才能在创新的同时继续健康、可持续地发展。

同步实训

一、实训概述

本实训项目要求学生选择合适的直播平台并入驻，熟悉选择直播平台的方法，掌握直播平台入驻的流程，同时能够完成直播平台的顺利入驻。

二、实训步骤

同学们根据本项目所讲的选择直播平台的方法及不同直播平台入驻的流程，选择合适的直播平台，并根据所学知识完成直播平台的入驻。

步骤1：选择合适的直播平台。

步骤2：入驻直播平台。

项目三

直播产品选择与定价

项目任务分解

本项目包含了两个任务，具体如下。

任务一　直播产品选择

任务二　直播产品定价

本项目旨在引导学生了解直播产品选择与定价的相关知识。通过本项目的学习，学生能够了解直播选品的方法，掌握直播产品定价的方法。

学习目标

知识目标

1．了解选择直播产品的方法。

2．了解直播产品定价考虑的因素。

3．熟悉直播产品定价的策略。

能力目标

1．能够根据直播平台规则、账号定位、营销需求等进行正确选品。

2．能够结合营销需求、目标用户属性等完成直播产品的定价。

素养目标

1．了解《价格法》《反不正当竞争法》中关于产品价格制定的规则和要求。

2．培养诚实守信的良好作风，在制定直播产品价格时，不弄虚作假。

项目情境

小何就职的电商公司近期要举办一场"零食大放送"直播促销活动，在活动实施前，领导安排小何为此次直播活动进行选品，并为选好的产品进行定价。

任务一　直播产品选择

任务分析

选品结果直接影响着直播间的成交额。要完成直播产品的选择，首先需要明确直播选品的要求有哪些，学习直播选品的思路，使用直播选品工具选品，从而使直播产品获得更高的销量。

任务实施

步骤一：明确直播选品要求

直播前期准备中很重要的一个步骤是选品，在选品前首先需要明确直播选品要求。概括来说，直播选品需要满足两个要求：符合直播平台要求和符合产品质量要求。

（一）符合直播平台要求

直播平台会对禁止推广的产品进行明确限制和说明。不同的平台所限制的产品略有不同，商家可以通过相应的平台规则进行详细了解。

（二）符合产品质量要求

为了提供良好的消费体验和维护自身信誉，主播需要选择具有良好质量的产品进行直播销售。产品质量包括产品的外观、性能、材料、工艺等方面，主播应该选择优质的产品，以提升消费者的满意度。此外，主播还应注意产品的安全性，确保所选产品符合相关的安全标准，并避免销售存在质量问题或安全隐患的产品。

步骤二：熟悉直播选品思路

直播选品需要从多个角度考虑，只有选对产品，才能吸引用户关注并提高转化率。表3-1所示为直播选品思路。

表 3-1　直播选品思路

直播选品思路	原因	举例
符合目标用户需求的产品	符合目标用户需求的产品更容易引起他们的兴趣和共鸣，从而提升直播的互动效果和口碑	假设目标用户是年轻女性，她们对美妆产品感兴趣，且更关注化妆品的品质、功能及环保因素。在这种情况下，可以选择有机化妆品、多功能彩妆或可重复使用的化妆工具作为直播产品

（续表）

直播选品思路	原因	举例
热门产品	热门产品具有较高的市场需求和关注度，更容易引起用户的兴趣和购买欲望	当下"多巴胺"穿搭非常流行，具有"多巴胺"风格的服饰、配饰、化妆品等非常受年轻人的喜爱，是非常热门的产品。直播选品可以选择与"多巴胺"穿搭相关的产品来吸引用户购买。例如，亮色衬衫、印花连衣裙、拼接款式衣物等。这些服饰可以展现时尚感和活力感，符合"多巴胺"穿搭的风格需求，选择相关产品可以紧跟时尚潮流，提升直播销售的效果和竞争力
具有良好质量和口碑的产品	用户更倾向于购买那些有良好口碑和高品质保证的产品，因为他们相信这些产品在性能、材料、工艺等方面更可靠	假设直播过程中要介绍一款榨汁机，在选择榨汁机时，可以考虑那些经专业机构认证并且在市场上具有良好口碑的榨汁机品牌。这些品牌在榨汁机领域有着先进的技术和良好的口碑，产品质量和性能得到了广泛认可，可以提供给用户高品质的购物体验，增加用户的信任和满意度，进而提升直播销售效果和企业形象
具有差异化和特色的产品	具有差异化和特色的产品可以帮助直播间脱颖而出，给用户提供独特的购物体验，增加竞争优势	假设目标用户是喜欢户外运动的年轻人群。在直播选品时，可以选择一款具有差异化和特色的户外运动装备，例如专为极限运动设计的全天候防水背包。这款背包采用特殊材料制作、具备多功能设计和独特的外观风格，满足用户对户外运动装备的需求，并与传统背包产品区分开来
与知名品牌合作或获得官方授权的产品	与知名品牌合作或获得官方授权的产品在市场上享有较高的信任度和美誉度	假设直播间的目标用户是追求高品质生活的用户。在选品时，可以选择与知名家居品牌合作，与之合作可以提供给用户高品质的家居用品和装饰品，满足用户对品质生活的需求。这有助于增强直播间的竞争力，提升用户购买意愿和满意度

（续表）

直播选品思路	原因	举例
易于演示、操作或展示效果的产品	易于演示、操作或展示效果的产品便于主播更好地展示其特点、功能和使用方法，为用户提供更真实、直观的购物体验	假设直播间的目标用户是美妆爱好者。在选品时，可以选择那些易于演示和展示效果的产品，例如具有鲜明色彩和清晰质地的化妆品，或是设计独特且易于使用的化妆刷具。这些产品的颜色、质地、使用效果等特点易于展示，有助于增加用户对产品的了解和购买欲望
成本低或利润高的产品	成本低或利润高的产品可以提高直播间的盈利能力	假设直播间的目标用户是家居装饰爱好者。在选品时，可以选择成本低或利润高的产品，如家居小饰品、装饰画等。这些产品通常制作简单，材料成本相对较低，但在市场上有一定的市场需求和利润空间。通过与供应商协商获得更有竞争力的价格，并结合直播的演示和销售技巧，商家可以提高整体盈利能力

步骤三：使用直播选品工具选品

为了使选品工作更高效，给直播间带来更大的流量和更高的转化率，直播团队选品时，可以使用一些直播选品工具，如蝉妈妈、飞瓜数据、有米有数等。

（一）蝉妈妈

蝉妈妈是为直播电商服务的选品平台，它整合了全网的高佣金产品和海量达人资源，为商家和达人进行智能精准匹配，从而可以提高直播"带货"转化率。图 3-1 所示为蝉妈妈首页。

图3-1　蝉妈妈首页

（二）飞瓜数据

飞瓜数据是一款数据分析工具，可对抖音和快手等平台进行数据分析，并提供短视频及直播数据查询、运营及广告投放效果监控、短视频达人查询、抖音和快手达人榜单排名、电商数据、直播推广等功能。图3-2所示为飞瓜数据首页。

图3-2　飞瓜数据首页

（三）有米有数

有米有数是一款新电商营销大数据分析工具，在选品方面可以进行全网产品数据监测，筛选热销品、潜力品、优质品，并展示这些产品的销量、定价和推广方式等数据，从而帮助直播团队科学选品，节约选品时间。图 3-3 所示为有米有数首页。

图3-3 有米有数首页

任务二 直播产品定价

任务分析

直播产品定价非常重要，如果价格定得太高，则可能销量不佳；如果价格定得太低，则会失去获取盈利的机会。要完成直播产品定价，小何首先需要了解直播产品定价需要考虑的因素，明确直播产品定价的策略。

任务实施

步骤一：了解直播产品定价考虑的因素

直播产品定价考虑的因素有很多，表 3-2 所示为直播产品定价常见的考虑因素。

表 3-2 直播产品定价常见的考虑因素

考虑因素	说明
成本	产品的成本包括制作、推广、运营等各种成本。企业需要考虑直播产品开发和维护所需的人力、物力、时间和金钱成本

（续表）

考虑因素	说明
市场需求	市场需求决定了产品的供求关系，对产品定价有重要影响。如果市场对产品需求旺盛，企业可以适当提高产品价格；如果市场竞争激烈，企业可能需要降低价格来吸引用户
价值定位	企业需要确定产品的定位和目标用户，并为其赋予相应的价值。不同的定位和目标用户会对产品的定价产生影响
竞争策略	企业需要考虑自身在市场中的竞争地位，与竞争对手进行比较分析，决定采取高价差异化策略还是低价竞争策略
市场定位	企业需要了解目标市场的消费者群体特点、购买能力和消费心理，以确定产品的合理定价范围
附加价值	除了产品本身的功能和特点，企业可以考虑提供额外的附加价值，如优质的客户服务、售后保障等，以增加产品的竞争力和价值

步骤二：熟悉直播产品定价策略

（一）渗透定价策略

渗透定价策略是指企业把新产品投入市场时价格定得相对较低，以吸引大量用户，迅速打开市场，短期内获得比较高的市场占有率，同时通过接近成本的定价，使其他打算进入该领域的竞争者打消想法的一种定价策略。

1. 优点

新产品能迅速占领市场；提高市场占有率，进而大幅度降低成本，获得成本优势，提高长期利润；打击缺乏成本优势的竞争者，增强企业的市场竞争力。

2. 缺点

利润微薄，难以短期内收回投资。

3. 适用条件

市场对价格敏感，低价会刺激市场需求迅速增长；生产经营费用随销量的增加而降低；低价不会引起实际的和潜在的竞争。

（二）撇脂定价策略

撇脂定价策略是指新产品上市之初，企业将新产品价格定得较高，在短期内获取厚利，尽快收回投资的定价策略。

1. 优点

（1）利用高价产生的厚利，企业能够在新产品上市之初，既迅速收回投资，又减少投资风险。

（2）在全新产品或换代新产品上市之初，用户对其尚无理性的认识，此时的购买动机多属于求新求奇。利用这一心理，企业通过制定较高的价格，为产品创造高价、优质、名牌的印象。

（3）先制定较高的价格，在新产品进入成熟期后可以拥有较大的调价余地。采用这一策略，企业不仅可以通过逐步降价保持竞争力，而且可以从现有的目标市场上吸引潜在需求者，甚至可以争取到其他对价格比较敏感的用户。

（4）在新产品开发之初，由于资金、技术、资源、人力等条件的限制，企业很难以现有的规模满足所有的需求。企业可以利用高价限制需求过快增长，缓解产品供不应求的状况，并且可以利用获取的高额利润进行投资，逐步扩大生产规模，使之与需求状况相适应。

2. 缺点

（1）高价产品的需求规模毕竟有限，过高的价格不利于市场开拓、增加销量，也不利于占领和稳定市场，容易导致新产品开发失败。

（2）高价高利会导致竞争者大量涌入，仿制品、替代品迅速出现，从而迫使产品价格急剧下降。此时若无其他有效策略相配合，则企业苦心塑造的高价优质形象有可能会受到损害，失去一部分用户。

（3）价格远远高于价值，在某种程度上损害了用户利益，容易招致公众的反对和用户抵制，诱发公共关系问题。

3. 适用条件

一般而言，对于全新产品、受专利保护的产品、需求价格弹性小的产品、流行产品、未来市场形势难以测定的产品等，企业可以采用撇脂定价策略。从根本上看，撇脂定价是一种追求短期利润最大化的定价策略，若处置不当，则会影响企业的长期发展。因此，在实践当中，特别是在用户日益成熟、购买行为日趋理性的今天，采用这一定价策略必须谨慎。

（三）尾数定价策略

尾数定价策略是指在确定零售价格时，以零头数结尾，使用户在心理上有一种获得优惠的感觉，或是价格尾数取特殊含义的数字，以扩大销售的定价策略。

1. 优点

（1）让用户感觉便宜。标价 99.96 元的产品和 100.06 元的产品，虽然仅差 0.1 元，但前者给用户的感觉是还不到"100 元"，而后者却使人产生"100 多元"的想法。因此前者可以使用户认为产品价格便宜，更易于接受。

（2）让用户感觉精确。带有尾数的价格会使用户认为企业定价是非常认真、精确的，连零头都算得清清楚楚，进而会对商家或企业的产品产生一种信任感。

（3）让用户感觉中意。由于民族习惯、社会风俗、文化传统和价值观念的影响，某些特殊数字常常会被赋予一些独特的含义，企业在定价时如果能加以巧用，其产品就会因之而得到用户的偏爱。

2. 缺点

（1）尾数定价广泛运用于多种业态、多种产品。尾数定价策略一般适用于非名牌或中低档产品。长期使用该策略容易混淆各种业态之间的经营定位，模糊业态之间的经营特色，不利于企业发挥先进零售业态的优势，实现企业快速发展的目标。

（2）频繁地、长时间地使用尾数定价策略容易导致用户信任度降低。尾数价格过多使用势必会刺激用户产生逆反心理，如由原来的认为尾数定价给人定价准确、便宜很多的感觉，变成认为定价不准确、不便宜，甚至认为商家是在有意识地利用人们的心理，进而对企业产生不信任。

3. 适用条件

以中低收入群体为目标用户、经营日用品的企业适合采用尾数定价策略。而以中高收入群体为目标用户、经营高档消费品的企业不适合采用尾数定价策略，而应该用声望定价策略，如某些古玩商家可以将产品的价格定得比产品实际成本高，以吸引少数经济条件优裕的用户购买。

（四）整数定价策略

整数定价策略是利用用户"一分钱一分货"的心理，针对的是用户对品质及支付便捷性的追求，将产品价格有意定为整数的策略。

1. 优点

在人口流动量大的地方，将其产品价格制定为整数，适合人们的"惜时心理"，同时也便于用户做出购买决策。人们容易记住产品的整数价，因此，采用整数定价策略会加深产品在用户心理上的印象。

2. 缺点

过多使用整数定价策略会让用户感觉不到实惠，也感觉不出产品定价的细致、精确。

3. 适用条件

整数定价策略会抬高产品的价值，该策略适用于高档、名牌产品或者用户不太了解的产品。整数定价可以给用户一种干脆的感觉，同时整数定价还便于计算和收款。

（五）分档定价策略

分档定价策略又称分级定价心理策略，是指在制定价格时，把同类产品分档，根据产品的不同等级制定不同价格的策略。

1. 优点

使用户感到产品的货真价实、按质论价。例如，苹果可以按大、中、小号分档定价，也可以按品种划分定价。该定价策略符合目标市场需要的明显分级，便于满足不同的消费需要，还能简化企业的计划、订货、会计、库存、推销工作。

2. 缺点

部分产品分档的级别比较难确定，如果各等级产品无法体现出明显的差别或差别过大，就失去了分档定价的意义。

3. 适用条件

产品在大小、型号等方面有明显的差别，并且每一个等级的产品都充足的情况下，适合用分档定价策略。

（六）折扣定价策略

折扣定价策略是指企业为了鼓励用户及早付清货款、大量购买、淡季购买等，酌情降低产品价格的策略。

1. 优点

该策略能够引起用户的注意，激发用户购买欲望，是提高销量非常有效的一种定价策略，也是清库存比较有效的一种定价策略。

2. 缺点

折扣设置比较讲究，如果设置不合理，容易收到相反的效果。

3. 适用条件

节假日可以适当采用折扣定价策略，换季清仓或清库存时也适合用折扣定价策略。

（七）地区定价策略

地区定价策略是指根据产品销售地理位置定价，根据产品到达销售地所产生的成本，或者根据销售地市场情况来进行定价的一种策略。

1. 优点

企业可根据各地区市场情况或成本情况区别定价，提高效益。

2. 缺点

定价前需要进行大量的数据采集，从而提高了定价成本。

3. 适用条件

运输耗损比较大的产品、各地市场差异性大的产品，适合用地区定价策略。

知识链接 ～～～～～～～～～～～～～～～～～～～～～～～～～～～～

直播选品要点

在进行直播选品时，可以从品牌、品相、品质、多样性、差异性等角度考虑。

1. 品牌

选择知名度高、信誉好的品牌，这可以增强用户的信任感。品牌产品在市场中有着一定的口碑和影响力，用户更容易对品牌产品产生购买意愿。

2. 品相

产品的外观设计和包装是很重要的。直播间是以视频形式展示产品的，所以产品的外观要突出并吸引用户的注意力。

3. 品质

产品的品质是用户判断购买价值的重要指标之一。在选品时，要注重产品的质量，确保产品符合用户的期望。通过了解生产商的背景、产品的原材料和制作工艺等来评估产品的品质。

4. 多样性

直播间的产品种类应该丰富多样，满足不同用户的需求。选择不同价格段、不同功能或用途的产品，以吸引更广泛的消费群体。

5. 差异性

选择与其他直播间产品有差异的产品，可以在竞争激烈的市场中脱颖而出，吸引更多用户的关注。

素养园地

遵循直播选品标准 营造良好的直播环境

当前网络直播营销业态发展快，我国直播电商进入了"井喷式"发展，但是直播电商门槛低，导致很多主播出现了"直播翻车"。

2021年3月18日，中国广告协会召开《网络直播营销选品规范》发布会。这是中国广告协会继2020年6月发布国内首份《网络直播营销行为规范》后发布的关于网络直播营销选品的自律规范。

《网络直播营销选品规范》旨在为网络直播营销及直播选品、直播销售和售后服务活动提供指南。《网络直播营销选品规范》包括条文和附件《常见行业商家商品资质要求》两部分，涉及商家、商品资质，质量检验把控，商品的直播描述，直播后出现质量问题的用户权益救济，主播和机构在选品方面的基本要求和导向等。

如何做好品控是所有直播机构需要首先解决的问题。直播机构要做好品控，需设置专门的品控管理机构。若直播机构能与供应商相辅相成，在选品时严格把关，不仅能避免"直播翻车"的情况发生，还能减少被投诉和口碑下降的风险。毕竟，直播的初心是将合格、有保障的高性价比商品推荐给广大用户。

同步实训

一、实训概述

本实训项目要求学生选择合适的直播产品并对其进行合理定价。学生能够在选品的过程中掌握直播选品的方法，了解直播产品定价的考虑因素，熟悉直播产品定价的策略。

二、实训步骤

同学们根据本项目所讲的直播选品的方法及不同直播平台对产品的要求，选择合适的直播平台，并根据所学知识完成"零食大放送"直播促销活动选品。

步骤1：了解直播间产品的类型。

步骤2：利用直播产品选择方法进行直播产品的选择。

项目四

直播内容策划

项目任务分解

本项目包含了三个任务，具体如下。

任务一　直播话术策划

任务二　直播脚本策划

任务三　直播预热内容策划

本项目旨在引导学生了解直播内容策划的相关知识。通过本项目的学习，学生能够了解直播话术策划、直播脚本策划和直播预热内容策划的方法，能够独立完成直播内容策划。

学习目标

知识目标

1．了解直播话术的类型。

2．熟悉直播话术的禁忌。

3．了解直播脚本的类型。

4．熟悉直播脚本策划流程。

5．了解直播预热内容的常见形式。

6．熟悉直播预热内容策划的流程。

能力目标

1．能够撰写出不同类型的直播话术。

2．能够完成直播脚本的撰写。

3．能够完成直播预热内容的策划。

素养目标

1．了解《网络安全法》《电子商务法》《广告法》《反不正当竞争法》《网络信息内容生态治理规定》等法律法规中关于直播内容管理的要求。

2．具备创新意识和创新能力，策划出新颖独特的直播内容。

项目情境

小何就职的电商公司近期要举办一场"零食大放送"直播促销活动，在活动开展前，领导安排小何对此次直播活动进行直播内容策划。为此，小何需要完成直播话术策划、直播脚本策划和直播预热内容策划。

任务一 直播话术策划

任务分析

做好直播话术策划很重要，有助于主播更加顺利地开展直播活动。要完成直播话术策划，小何首先需要明确直播话术有哪些类型。同时，为了避免在直播过程中违反直播平台规则被处罚，小何在设计话术时需要了解平台的用语禁忌。

任务实施

👤 步骤一：了解直播话术的类型

直播间常见的话术类型主要有自我介绍话术、欢迎话术、讲解话术、互动话术、促单话术、关注话术、感谢话术和结束话术。表4-1所示为常见直播话术的策划方法和示例。

表4-1　常见直播话术的策划方法和示例

话术类型	策划方法	示例
自我介绍话术	在进行自我介绍时要简洁明了、突出重点，需要告诉用户本场直播的大概内容以及一些具体的优惠活动，吸引用户继续观看直播	大家好，我是×××，欢迎进入××××直播间，本场直播是"××××专场"，今天为大家带来×款超值的产品，有×××等，大家感兴趣的话，就留下来继续观看哦
欢迎话术	可以提及用户的昵称，让用户觉得自己被重视，提升用户的参与度	欢迎××××（用户昵称）进入我们的直播间
讲解话术	（1）简洁明了地介绍产品的特点和优势	今天我给大家带来一款新上市的××××，它不仅可以×××××，还具有××××功能
	（2）分享自己对产品的使用体验，突出产品的功能和效果	我自己使用了这款产品一段时间，它真的很不错哦
	（3）与用户建立情感连接，描述产品如何满足用户的需求和解决用户的问题	这款产品能够真正帮我们解决很多难题，例如×××××××××
互动话术	互动话术一定要有较强的针对性，对用户所提出的问题予以反馈，并且耐心、仔细地讲解用户不明白或不清楚的地方	直播间的朋友们，我们直播间的所有产品保证正品，支持七天无理由退换货，如果您购买后不喜欢或者质量出现问题，都可以申请七天无理由退换货，请大家放心购买

（续表）

话术类型	策划方法	示例
促单话术	（1）强调优惠力度，制造紧张感	还剩最后30个，今天的优惠力度是很大的，拍完即止，大家抓紧时间下单吧
	（2）强调售后服务	我们直播间的产品都支持七天无理由退换货，购买后如果对产品不满意，可以随时退换货，大家放心购买
	（3）与其他电商平台的售价做对比	这款产品在××平台售价为××元，在我们的直播间只要××元，喜欢这款产品的朋友们不要再犹豫了，抓紧时间下单
	（4）强调价格优惠	这款产品真的很划算，只需要××元就能买到，不要错过机会
关注话术	要熟练、灵活地运用直播引导话术，反复提醒用户关注直播间，这样有助于提升直播间的人气	刚进入直播间的朋友们，记得点一点右上角的"关注"哦！关注直播间后随时有红包、免费礼品拿哦
感谢话术	（1）表达感谢的同时引导用户关注直播间	感谢大家的观看和支持，希望大家在我的直播间能够买到称心如意的产品，点击左上角的"关注"，关注直播间，明天我们继续
	（2）表达感谢，然后进行下次直播预告	感谢大家的观看与支持，大家还有什么想要的产品，可以在粉丝群里留言，我们会为大家选择优惠的产品，下次直播推荐给大家
结束话术	预告下次直播的利益点	本场直播就到这里，最后再和大家说一下，下次直播有你们想要的××、××和××，都有8折的优惠，大家一定要记得观看哦

👤 步骤二：熟悉直播话术的禁忌

为了避免在直播过程中违反直播平台规则被处罚，主播在设计话术时需要了解平台的用语禁忌，具体内容如表4-2所示。

表4-2 直播话术禁忌

禁忌话术类型	具体说明
违禁极限用语	（1）严禁使用国家级、世界级、第一、唯一、首个、首选、顶级、国家级商品、填补国内空白、独家、首家、第一品牌、金牌、顶级、独家、全网销量第一、全球首发、全国首家、全网首发、世界领先、顶级工艺、王牌、销量冠军、极致、永久、领袖品牌、独一无二、绝无仅有、史无前例、万能、绝版等极限用语 （2）在没有明确数据来源的情况下严禁使用最高、最低、最便宜、最新、最先进、最大程度、最新技术、最先进科学、最佳、最大、最好、最新科学、最先进加工工艺、最时尚、最受欢迎等含义相同或近似的绝对化用语 （3）严禁使用绝对值、领导品牌、领先上市、世界或全国×大领先品牌之一等无法考证的词语 （4）严禁使用100%、国际品质、最高级等虚假或无法判断真伪的夸张性表述词语
违禁时限用语	限时必须标明具体时限，严禁使用随时结束、仅此一次、随时涨价、最后一波等无法确定时限的词语
违禁权威性用语	（1）严禁使用国家×××领导人推荐、国家××机关推荐、国家××机关专供、特供等借国家、国家机关工作人员名称进行宣传的用语 （2）严禁使用质量免检、无须国家质量检测、免抽检等宣称质量无须检测的用语 （3）严禁使用人民币图样（央行批准的除外） （4）严禁使用中国驰名商标、特供、专供等词语
不文明用语	不文明的用词包括有辱骂性质，或者是人身攻击，带有不文明色彩的词语
诱导性用语	对所分享商品的信息及各项参数进行虚假、夸大描述；对商品效果过度承诺，进行效果性宣传；发布虚假活动信息或恶意贬低第三方或第三方商品等
虚假宣传，进行效果性承诺或保证	每个人的使用感受和效果都不尽相同，不要随意承诺用了某种商品就有什么效果，过度承诺很有可能会被判定为虚假宣传
涉及价格，宣传原价	原价有明确的法律定义，误用可能构成价格欺诈或侵害用户权益，所以，抖音平台不鼓励在直播推广、商品标题、图片及其他商品宣传中出现"原价"描述。建议用市场参考价、市场推广价等进行表述

（续表）

禁忌话术类型	具体说明
医疗宣传类用语	如果宣传普通商品，用了疑似医疗类的用语，这也属于违禁词类。医疗宣传类用语包括但不限于修复受损肌肤、活血、清热解毒、除菌、改善敏感肌肤、补血安神、驱寒解毒、调节内分泌、降血压、平衡荷尔蒙、消除斑点等
封建迷信类用语	封建迷信类用语包括算命、保佑、带来好运气、护身、逢凶化吉、时来运转、万事亨通、旺人、旺财、趋吉避凶、转富招福等

👤 步骤三：认识直播话术敏感词过滤工具

直播话术敏感词过滤工具能够帮助主播很好地筛选出直播违规词、违禁词。目前常用的直播话术敏感词过滤工具有句易网、词爪网、IT工具网、抖词词、句无忧等。表4-3所示为常见的直播话术敏感词过滤工具介绍。

表4-3　常见的直播话术敏感词过滤工具介绍

工具名称	具体介绍
句易网	广告法、淘宝、抖音违禁词在线过滤工具，适用于各类行业自媒体短视频文案、新闻稿检查，词库包含各类禁用语
词爪网	免费的违禁词查询工具，用户注册之后可以便捷地查询文案中是否有违反广告法和平台规定的用词
IT工具网	具体功能包括在线编译器、SEO伪原创、违禁词检测工具、在线中文文本纠错、在线英语语法纠错、图片转Base64、Markdown编辑器、短信验证码、在线科学计算器等
抖词词	抖音违禁词检测工具，提供抖音违禁词、抖音敏感词检测服务，为抖音直播话术及抖音短视频文本提供可靠、高效的检测服务
句无忧	基于海量数据，定制智能词库，高效过滤色情、广告、敏感、暴恐等违规内容及各种禁用词组

任务二　直播脚本策划

任务分析

开展直播活动前，直播团队需要围绕直播环节及内容，策划直播脚本。要完成直播脚本策划，小何首先需要了解直播脚本的类型以及直播脚本策划流程。

任务实施

步骤一：了解直播脚本的类型

（一）单品直播脚本

单品直播脚本是针对某款或某几款商品的直播脚本，其主要内容包括商品的品牌、卖点、优惠方式等。单品直播脚本可以设计为表格的形式，将品牌介绍、商品卖点、商品展示方式等内容呈现于表格中，方便主播全方位了解直播的商品。

单品直播脚本的内容一般包含讲解时间、品牌介绍、商品卖点、商品展示、目标人群及直播间利益点等要素，如表4-4所示。

表4-4　单品直播脚本的要素及其内容

要素	具体内容
讲解时间	说明某款商品上架在几号链接，在什么时间开始讲解，讲解多长时间等内容
品牌介绍	介绍某款商品的品牌，以及该品牌的历史、资质、荣誉等内容，利用优秀品牌为商品进行背书，在用户心中建立良好的形象
商品卖点	总结提炼出商品的核心卖点，并利用场景化方式向用户进行阐述
商品展示	记录直播时如何展示商品。尤其是针对卖点，可以设计相应的展示方式，例如现场试用、对比试验或播放视频等

（续表）

要素	具体内容
目标人群	说明商品的目标用户是哪类人群，他们所喜欢的表达方式是什么样的，以及他们对商品的需求点
直播间利益点	说明直播间的福利政策。一般来说，直播间利益点主要有优惠价格、赠品以及具体的优惠方式。例如日常价格和直播间价格的对比，有无赠品，如何领取优惠券等内容

（二）整场直播脚本

优秀的整场直播脚本一定会考虑到细节，让主播从上播到下播都有条不紊，让每个参与人员、道具都最大限度地发挥作用。整场直播流程：直播开场—直播商品预告—商品讲解—互动活动—总结返场—结尾预告，如图4-1所示。

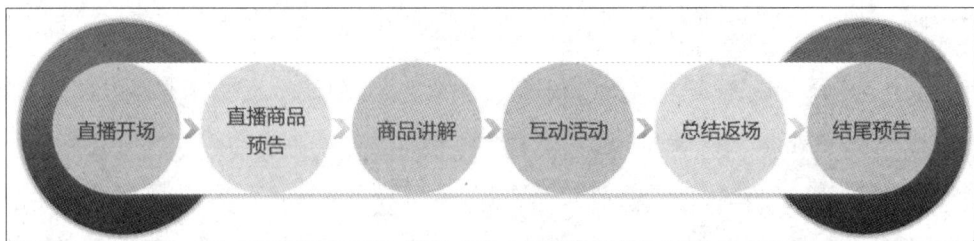

图4-1　整场直播流程

1. 直播开场

直播刚开始时，最重要的目标就是暖场，提升直播间的人气。暖场的时长可以控制在5分钟内。这个阶段主播需要抽奖发福利；跟用户友好互动，如打招呼、介绍自己、欢迎用户；介绍直播主题；进行话题引入，从直播主题或当前热点事件切入。暖场的目的是活跃直播间气氛，调动用户情绪。

2. 直播商品预告

在进入一场新的直播时，主播需要对整个直播活动，包括直播商品、直播福利、直播环节做一个总体介绍，这样可以方便用户了解直播间情况。尤其是开场时，主播可以用简短的话术对本场直播所售卖的所有商品进行预告，吸引用户继续观看。

3. 商品讲解

商品讲解是直播的核心内容，要遵循从外到内、从宏观到微观的原则，加以生动真实的语言进行描述，全方位、客观地介绍商品，重点突出商品的性能优势和价格优势。

4. 互动活动

互动活动指除讲解商品之外，主播在直播间跟用户互动的内容，例如引导关注、发放优惠券、抽奖、邀请嘉宾、才艺展示等。

5. 总结返场

当介绍完所有商品后，主播可以将还有库存的商品重新快速介绍一遍，使后面进入直播间的用户了解商品并进行购买，从而提高直播间的销量。

6. 结尾预告

感谢用户，引导关注，预告下次直播的时间、福利和商品活动，引起用户的期待。

步骤二：熟悉直播脚本策划流程

直播脚本策划可以按照如下的步骤进行。

（一）确定直播的目标

设置具体的直播目标数据可以使每一场直播的目标性更强。例如，观看量要达到多少，点赞量要达到多少，进店率要达到多少，转化率及销售额要达到多少等。

需要注意的是，运营的不同阶段应设置不同的目标数据。例如，在前期重点关注观看量和点赞量，积累一定数量粉丝后再对进店率和转化率进行要求。

（二）确定直播的主题

直播主题是一场直播活动的"中心思想"，整场直播活动都会围绕确定的直播主题来展开。直播团队可以根据确定的直播目标来确定直播的主题，也可以根据企业或运营者的需求确定直播的主题。

（三）确定直播参与人员的分工

一场直播活动并不是由主播一人完成的，还有副播、助理、场控、运营、客服等，每一个环节都由专门的人员负责，来保证直播活动的正常进行。

直播脚本需要描述清楚团队每个人的分工、职能及相互配合的方式。例如主播负责引导用户关注、介绍产品、解释活动规则，助理和运营负责与用户互动、回复问题、发放优惠信息等，客服负责修改产品价格、与用户沟通订单信息等。

（四）确定直播时间

形成一个固定的直播时间是非常重要的，如果不定时进行直播，很多用户就会错过直播，这对增强用户黏性是很不利的。主播及直播团队一定要守时，尽可能做到准时开播，这有助于培养用户准时观看直播的习惯。

此外，控制直播时长也很重要。时间太短的话，主播可能无法将所有产品介绍完，销售额可能会受到影响；时间太长的话，很多用户可能会因为种种原因陆续离开直播间，导致后半段的直播效果大打折扣。

（五）设计直播环节

直播环节主要包括开场预热、品牌介绍、优惠活动介绍、产品介绍、用户互动、直播总结和下一场直播预告。运营在设计直播环节时，可以结合直播实际需求，差异化组建直播环节。

（六）确定直播时间节点

对直播各环节时间进行规划，如开播欢迎时间、开播暖场时间、产品介绍时间等，有利于开播前对直播进行推广宣传和设计直播内容。

（七）梳理直播产品的卖点

在确定直播的产品后，挖掘和梳理产品卖点是最主要的工作。直达用户需求的产品卖点，能够有效提高直播转化率，促进直播目标达成。在挖掘产品卖点时，同一产品可能存在多个卖点，但因直播时长有限，主播通常无法就一款产品的所有卖点展开介绍。所以运营需要针对一款产品提炼出一个或几个独特、核心的卖点，确保主播在直播过程中能够讲解清楚产品的核心卖点，从而激发用户购买欲望。

步骤三：完成直播脚本内容设计

（一）单品直播脚本内容框架

在直播时，主播可以推荐多款产品，其中每一款产品在单品直播脚本中都应有相应的内容框架，包括讲解时间、品牌介绍、产品卖点、产品展示、目标人群、直播间利益点等。单品直播脚本内容框架示例如表4-5所示。

表4-5　单品直播脚本内容框架示例

内容		说明
讲解时间		① 20：00 开始讲解 ② 讲解时长：5分钟
品牌介绍		某品牌加热破壁机致力于为用户提供高品质、便捷、健康的食物处理解决方案。该品牌一直在技术创新和用户体验上追求卓越，不断满足现代人对健康饮食的需求。该品牌加热破壁机以其卓越的性能、全面的功能、智能便捷和健康安全的特点，成为市场上备受认可的产品。该品牌致力于不断创新和改进，为用户提供更好的产品和服务，让每个家庭都能轻松享受到健康美味的饮食体验
产品卖点	外观	① 智能触摸式按键，彰显科技感 ② 专利胶圈技术，智能防溢 ③ 稳固底座，使用时不易晃动
	功能	① 热饮制作：宝宝粥、五谷浆、养生粥、豆浆等 ② 冷饮制作：水果汁、蔬菜汁、奶昔 ③ 磨粉：药材谷物磨粉 ④ 绞肉、碎冰
	特点	① 3分钟快速模式，在你早上洗脸的时间做好早餐 ② 360° 立体加热，不粘锅不粘底，受热更均匀 ③ 三层降噪，不打扰家人休息

（续表）

内容	说明
产品展示	① 特写镜头展示产品细节 ② 展示制作方法：制作豆浆（热饮）、火龙果奶昔（冷饮）
目标人群	忙碌且喜欢养生的"上班族"
直播间利益点	① 优惠价格：日常价 399 元，直播间价格 199 元 ② 直播赠品：额外赠送 3 个替换刀片 ③ 优惠方式：详情页领取 30 元优惠券，拍下立减 30 元；备注主播姓名，可以获得赠品

（二）整场直播脚本内容框架

整场直播脚本可用于规范整场直播的流程与内容，包括直播主题、直播目标、直播流程等。某直播间整场直播脚本如表 4-6 所示。

表 4-6　某直播间整场直播脚本

直播主题	店庆产品促销				
直播目标	销售额 ×× 万元，新增粉丝数 ×××				
直播时间及时长	××××年×月×日　　××：00 — ××：00				
人员分工	主播：×××　　助理：×××　　场控：×××　　客服：×××				
直播流程					
序号	时长	流程	具体环节	直播内容	备注
1	2 分钟	直播开场	主播自我介绍	欢迎大家来到我的直播间，我是主播×××。今天是店铺开设三周年的店庆日，为了回馈用户，特开设此次直播活动，希望大家能在直播间选到心仪产品，并用优惠的价格将其买回家……	开场预热
2	4 分钟		直播内容介绍	今天，在直播间，我们为大家准备了多款热销产品。在直播过程中，也会有抽奖和礼物赠送环节。先给大家展示下此次直播要送出的小礼品，有……欢迎小伙伴们多多转发直播间，招呼你身边的好友来共享此次店庆狂欢，转发越多，抽奖机会越多哦，快快行动起来吧……	引入主题

（续表）

				直播流程		
序号	时长	流程	具体环节	直播内容		备注
3	30分钟	产品介绍	产品导入	我们可以先来看看本场直播为大家准备的产品。首先来介绍下新鲜采摘的甘肃花牛苹果……这款产品的价格是由你们决定的，在直播间评论"苹果"，人数越多，越优惠哦……		调动用户对产品的兴趣
4			按类介绍产品	除了热销……，我们还为大家准备了多款广受好评的产品，方便大家按照口味偏好进行购买。首先来看第一类产品中的第一款产品…… 接着来看第二款产品…… 大家可以直接点击屏幕下方的购物袋，查看产品详情并下单哦……		产品介绍
5			重点介绍产品	依据用户偏好重点介绍某些产品		重点介绍
6	3分钟	互动促销	抽奖	产品介绍完了，接下来激动人心的时刻到了。今天我们为直播间的朋友们准备了6款大奖，分别是…… 抽到大奖的朋友记得找客服留下收货地址哦，我们会尽快将大奖寄给你……		增加互动
7	3分钟		促销活动	现在开始第一轮促销活动，×款产品…… 第二轮活动开始了，活动期间还有赠品可以领取哦，朋友们快快行动起来……		促销
8	2分钟		满减	购买直播间产品满3件，1件免单，心动不如行动，赶快下单吧……		满减促销
9	2分钟		发放优惠券	下单前，朋友们别忘了点击直播间右上角领红包哦，红包在支付时，可以直接抵用现金……		优惠券促销
10	30分钟	产品介绍	引入第二类产品，依次介绍	一轮活动结束后，接下来看本次直播间推出的第二类产品…… 首先来看第一款产品……（流程同序号4、5）		产品介绍

（续表）

直播流程					
序号	时长	流程	具体环节	直播内容	备注
11	8分钟	互动促销	抽奖、促销、满减等	（流程同序号6～9）按需分配即可	优惠促销
12	2分钟	直播总结	总结整场直播	重点盘点产品及购物链接	强调下单
13	3分钟	下场直播预告	预告下场直播	时间过得好快，本场直播马上结束了，欢迎大家明天18：00准时进入直播间观看店庆第二场直播，价格优惠，产品多样……不见不散哦！	直播预告

任务三 直播预热内容策划

任务分析

为了让直播间拥有较高的人气，一般需要策划直播预热内容，向用户传递直播信息。要完成直播预热内容策划，小何首先需要了解直播预热内容的常见形式及直播预热内容策划的流程。

任务实施

步骤一：了解直播预热内容的常见形式

直播预热内容的常见形式有文案预热、短视频预热、海报预热3种。

（一）文案预热

文案预热是一种常见的直播预热形式，即在社交平台、自媒体平台，通过图文结合的方式，向平台用户介绍即将开始的直播的相关信息，如直播时间、直播内容、主播背景、直播特色等。

例如，2023 年 10 月 10 日 20：00，东方甄选在新浪微博发布了直播预告信息，文案主题为"东方甄选 直播产品预告来啦"，并告知用户具体的直播产品类型、直播时间和主播姓名，如图 4-2 所示。

图4-2　文案预热案例

（二）短视频预热

短视频预热是直播负责人在各大社交平台、自媒体平台发布短视频，对即将开始的直播进行宣传，例如直播广告植入、直播前期准备内容片段剪辑、宣传片等。短视频预热内容与文案预热内容类似，包括直播时间、观看路径、直播主题、直播特色等基本信息。

例如，东方甄选在新浪微博发布了"东方甄选吉林专场"直播预热短视频，并附带文案"12 月 9 日—10 日，东方甄选与你相约吉林"，如图 4-3 所示。

图4-3　短视频预热案例

（三）海报预热

海报预热，顾名思义，是通过精美海报对即将开始的直播进行预热。考虑到海报的设计感，往往展示的文案信息有限，需要将直播的核心信息展示给用户，如直播时间、主播、直播主题等。

例如，安慕希在新浪微博发布的直播预热海报，如图4-4所示。海报中介绍了直播时间、直播产品、直播间进入方式等。

图4-4 海报预热案例

步骤二：熟悉直播预热内容策划的流程

在日常的直播预热策划工作中，其内容策划一般是按照"选择预热形式—确定预热内容主题—设计预热内容—策划预热方案"的流程展开的。

（一）选择预热形式

不同的预热形式适用于不同的宣传推广渠道及应用场景，例如文案预热适用于微信公众号、论坛等推广渠道，短视频预热适用于微博、抖音、快手等社交类渠道，海报预热适用于朋友圈、微博、社群等渠道。

（二）确定预热内容主题

预热内容主题应该与直播的核心信息、特色优惠等保持一致，引发用户观看直播的兴趣，同时还需要加深用户对直播的印象，帮助用户选择一个观看直播的理由。

（三）设计预热内容

预热内容是直播预热的重要部分，只有足够吸引人的内容才能实现为直播蓄积流量的目的。直播电商预热内容应当包含产品卖点、直播福利两方面。设计预热内容时，可适当引入当前热点，达到借势营销的目的。

（四）策划预热方案

选择了预热形式，确定了预热内容主题，设计了预热内容之后，就需要策划预热方案。预热方案主要包括预热渠道、预热节奏、推广预算等内容，展示出直播前期引流的策略。

预热渠道可分为站内和站外两类。以抖音为例，站内渠道主要指的是抖音平台内部的一系列预热引流举措，站外渠道主要是微博、微信这两大社交平台的预热引流举措。再根据是否付费，对这两类渠道的预热方式进行设计，最终就可以得出表4-7所示的直播预热方案。

表4-7　直播预热方案

预热渠道	预热费用	预热形式	准备事项	预热时间
站内	免费	短视频	撰写短视频脚本 拍摄短视频 剪辑短视频	5月20日 上午
	付费	DOU+推广	优质预热短视频 申请推广预算	5月20日

（续表）

预热渠道	预热费用	预热形式	准备事项	预热时间
站外	免费	微博图文消息	设计5～10条微博图文消息	5月19日 5月20日
		微信公众号预热软文	策划直播预热软文 排版编辑微信公众号预热软文	5月19日
		粉丝群海报	设计直播预热海报	5月19日
	付费	腾讯广点通广告	设计预热海报	5月19日

知识链接

直播预热文案写作技巧

直播预热文案的目标是引起观众的兴趣并促使他们参与直播活动。常见的直播预热文案写作技巧有以下几个。

1. 强调价值

在文案中明确告诉观众他们能从直播中获得什么样的价值和收益。例如，在文案中强调直播内容的实用性、娱乐性或独家性。

2. 制造悬念

使用一些引人入胜的话题或问题来制造悬念，可以让观众对直播活动产生好奇心，从而促使他们想要了解更多信息并参与其中。

3. 使用有吸引力的图片或视频

在直播预热文案中使用高质量的图片或视频，以吸引观众的眼球，让他们更愿意点击观看并参与直播。

4. 使用个性化表达

突出自己的个性和特点，从其他直播活动中脱颖而出。通过独特的文案风格、语言表达或特殊活动等方式，吸引更多观众的关注。

5. 清晰简洁

确保文案内容清晰明了，不过于啰唆。使用简单易懂的语言，并突出直播活动的核心信息，以便观众能够一目了然。

素养园地

规范直播"带货"话术 建设良性网络直播生态

近年来，电商直播在服务经济发展、促进灵活就业等方面发挥了至关重要的作用。电商直播行业迅速发展，折射出我国互联网产业的巨大潜力，展现着网络消费的蓬勃活力，但各类违法违规行为也随之出现。

某主播在直播间销售某护肤品时，声称"不管多白都会更白的，超级白""保证你3个月脸瘦一圈"……该主播未经审查发布医疗广告的行为及夸大其词或虚假宣传的行为，均违反《广告法》相关规定。此外，《网络主播行为规范》明确规定，网络主播在提供网络表演及视听节目服务过程中不得"夸张宣传误导用户，通过虚假承诺诱骗用户，使用绝对化用语"。该主播在直播过程中违反了相关法律法规要求，经审查，当地市场监督管理局分局对其做出了行政处罚的决定。

为加强平台直播内容的管理，各大直播平台都发布了相关要求。例如，抖音平台制定了《抖音直播行为规范》，对主播在直播中的行为进行规范，给抖音用户提供一个绿色、健康、文明、积极向上的直播及互动环境。主播在抖音平台开展直播活动必须遵守《抖音直播行为规范》，如主播出现违规行为，平台有权视情节严重程度，根据《抖音直播行为规范》列明的违规行为及其相应违规等级对主播实施相应的处罚。相信随着相关法律法规的逐步完善和监管部门整治工作的不断推进，网络直播行业将得到进一步规范。健康良性的网络直播生态必将真正为人们生活提供高品质的服务。

同步实训

一、实训概述

本实训项目要求学生完成直播内容的策划。学生能够在直播内容策划的过程中了解直播话术的类型和禁忌，明确直播脚本的类型和策划流程，熟悉直播预热内容的常见形式和策划流程，能够完成直播内容的策划。

二、实训步骤

同学们根据本项目所讲的直播话术的类型和禁忌、直播脚本的类型和策划流程，以及直播预热内容的常见形式和策划流程，完成"零食大放送"直播活动的内容策划。

步骤1：设计直播话术。

步骤2：策划直播脚本。

步骤3：策划直播预热内容。

项目五

直播前期准备

本项目包含了三个任务，具体如下。

任务一 直播团队搭建

任务二 直播物料准备

任务三 直播间场景搭建

本项目旨在引导学生了解直播前期准备的相关知识。通过本项目的学习，学生能够了解直播团队搭建、直播物料准备和直播间场景搭建的方法，能够独立完成直播前期的准备。

项目任务分解

学习目标

知识目标

1. 了解直播团队的组织架构。

2. 熟悉不同层级直播团队的人员构成及职能分工。

3. 了解直播物料的分类。

4. 了解直播间场景搭建注意事项。

5. 熟悉直播间场景搭建的流程。

能力目标

1. 能够根据直播团队的组织架构，完成直播团队的搭建。

2. 能够根据直播物料的分类，完成直播物料的准备。

3. 能够根据直播间场景搭建的流程，完成直播间场景的搭建。

素养目标

1. 在工作中展现耐心和细致的特质，全面完成直播前的各项准备工作，确保一切井然有序。

2. 遵守《电子商务法》《网络交易监督管理办法》《反不正当竞争法》等法律中关于直播内容管理的要求，树立法律意识和法治观念。

项目情境

春节临近，小何就职的电商公司准备策划一场"年货节"直播活动，在直播活动开始前，领导安排小何完成直播活动前期的相关准备。为此，小何需要完成直播团队搭建、直播物料准备和直播间场景搭建。

任务一 直播团队搭建

任务分析

直播团队搭建是直播活动开展的基础，合理安排直播团队各个人员的工作任务，有助于直播活动顺利开展。要完成直播团队的搭建，小何首先需要了解直播团队的组织架构、不同层级直播团队人员的职能分工。

任务实施

步骤一：了解直播团队的组织架构

稳定的直播团队是一场成功直播的幕后主力，起着至关重要的作用。通常情况下，一个完整的直播团队主要由编导、场控、主播、副播、助理、运营、客服等组成。直播团队主要分为个人直播团队、商家直播团队和多频道网络（Multi-Channel Network，MCN）直播团队三大类。

（一）个人直播团队

个人直播团队是指由个人发起或组建的直播团队，主要是为了满足个人的直播需求，一般由主播、运营和客服等 3～5 位核心成员构成。其团队规模较小，比较适用于规模较小的店铺、素人主播等为主体的直播。图 5-1 所示为个人直播团队组织架构。

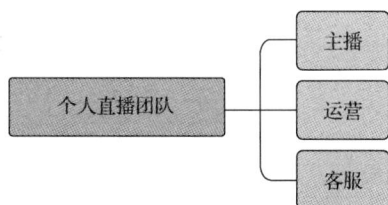

图5-1　个人直播团队组织架构

（二）商家直播团队

商家直播团队是指商家发起或组建的直播团队，主要是为了满足商家的直播需求，一般由主播、运营、客服、场控、副播等组成。其团队规模一般由商家自主决定，团队规模可大可小，比较适用于大、中、小型企业为主体的直播。图 5-2 所示为商家直播团队组织架构。

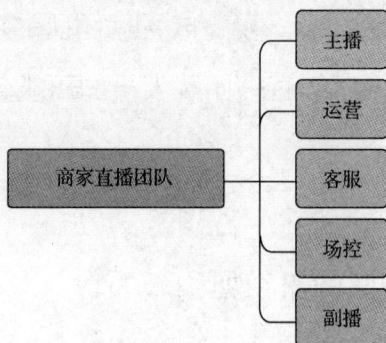

图5-2　商家直播团队组织架构

（三）MCN直播团队

MCN 直播团队是由 MCN 机构培养或孵化的直播团队，主要是为了满足 MCN 机构内部的直播需求或满足由 MCN 机构对接的外部（企业、商家）的直播需求，一般由星探 / 招募、直播部、招商部、供应链团队、运营团队等组成。其团队规模一般由 MCN 机构的运营模式决定，比较适用于中、大型资金实力雄厚的企业为主体的直播。图 5-3 所示为 MCN 直播团队组织架构。

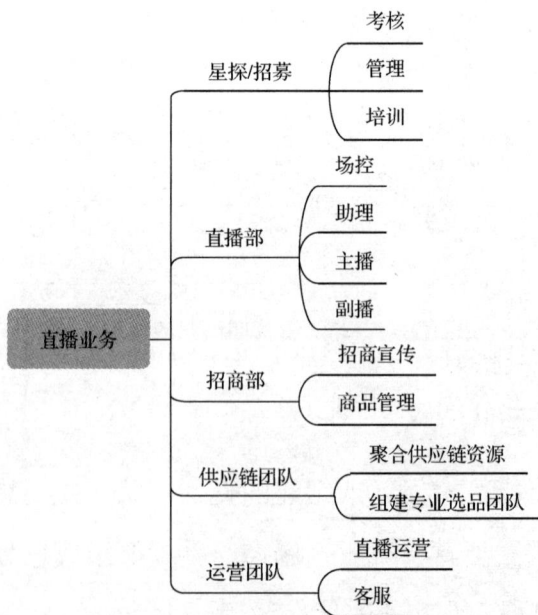

图5-3　MCN直播团队组织架构

👤 步骤二：搭建直播团队

无论是个人还是商家，要想真正做好直播"带货"，搭建直播团队是非常必要的。根据直播工作岗位设置、工作内容、工作流程等要素，个人或商家可以搭建不同层级的直播团队。

（一）低配版团队搭建

低配版团队成员包括运营 1 人、主播 1 人。具体职能分工如表 5-1 所示。

表 5-1　低配版团队人员职能分工

团队成员	人数	职能分工
运营	1人	营销任务分解；货品组成；品类规划；结构规划；陈列规划；直播间数据运营
		规划商品权益活动、直播间权重活动、粉丝分层活动、排位赛制活动；流量资源策划
		编写商品脚本、活动脚本、关注话术脚本、控评话术脚本，做好封面场景策划，下单角标设计，设计妆容、服饰、道具等
		调试直播设备；调试直播软件；保障直播视觉效果；发券、配合主播；后台回复；数据登记反馈
主播	1人	熟悉商品脚本；熟悉活动脚本；运用话术；做好复盘；控制直播节奏；总结话术、情绪、表情、声音等表现

（二）标配版团队搭建

标配版团队成员包括运营 1 人、策划 1 人、场控 1 人、主播 1 人。具体职能分工如表 5-2 所示。

表 5-2　标配版团队人员职能分工

团队成员	人数	职能分工
运营	1人	营销任务分解；货品组成；品类规划；结构规划；陈列规划；直播间数据运营

（续表）

团队成员	人数	职能分工
策划	1人	规划商品权益活动、直播间权重活动、粉丝分层活动、排位赛制活动；流量资源策划
		编写商品脚本、活动脚本、关注话术脚本、控评话术脚本，做好封面场景策划、下单角标设计，设计妆容、服饰、道具等
场控	1人	调试直播设备；调试直播软件；保障直播视觉效果；发券、配合主播；后台回复；数据登记反馈
主播	1人	熟悉商品脚本；熟悉活动脚本；话术运用；做好复盘；控制直播节奏；总结话术、情绪、表情、声音等表现

（三）升级版团队搭建

升级版团队成员包括主播团队3人、策划1人、编导1人、场控1人、运营2人、店长导购2人、拍摄剪辑1人、客服2人。具体职能分工如表5-3所示。

表5-3　升级版团队人员职能分工

团队成员	人数	职能分工
主播团队	主播1人	开播前熟悉直播流程、商品信息，以及直播脚本内容；介绍、展示商品，与用户互动，活跃直播间气氛，介绍直播间福利；直播结束后，做好复盘，总结话术、情绪、表情、声音等表现
	副播1人	协助主播介绍商品，介绍直播间福利，主播有事时担任临时主播
	助理1人	准备直播商品、使用道具等；协助配合主播工作，做主播的模特、互动对象，完成画外音互动等
策划	1人	规划直播内容；确定直播主题；准备直播商品；做好直播前的预热宣传；规划好开播时间段；做好直播间外部导流和内部用户留存等

（续表）

团队成员	人数	职能分工
编导	1人	编写商品脚本、活动脚本、关注话术脚本、控评话术脚本，做好封面场景策划、下单角标设计，设计妆容、服饰、道具等
场控	1人	调试直播设备，如摄像头、灯光等；负责直播中控台的后台操作，包括直播推送、商品上架、直播实时数据监测等；接收并传达指令，例如，若运营有需要传达的信息，场控在接到信息后要传达给主播和副播，由他们告诉用户
运营	2人	营销任务分解、货品组成、品类规划、结构规划、陈列规划、直播间数据运营、活动宣传推广、粉丝管理等
店长导购	2人	辅助主播介绍商品特点，强调商品卖点，向用户"种草"商品，同时协助主播与用户互动
拍摄剪辑	1人	负责视频拍摄、剪辑（直播花絮、主播短视频，以及商品的相关信息），辅助直播工作
客服	2人	配合主播与用户进行在线互动和答疑，修改商品价格，上线优惠链接，转化订单，解决发货、售后等问题

任务二 直播物料准备

任务分析

在进行直播前期筹备时，直播物料的准备至关重要。要完成直播物料的准备，小何首先需要了解直播物料的分类，然后结合营销需求准备相应的直播物料。

任务实施

👤 步骤一：了解直播物料的分类

直播开始前，直播团队需要根据实际需要准备直播物料。直播物料包括以下几类。

（一）商品样品及宣传物料

在直播开始前，直播团队需要准备上播商品的样品，以便在直播过程中主播能够快速地找到商品并进行全方位的展示。此外，还需要准备商品展示架，以及商品宣传海报等一系列以商品为中心的宣传物料。

（二）提词器或提词板

直播电商活动的即时性要求在直播中不能出现任何差错。在直播过程中，想要向主播提示某些关键词时，就需要提词器或提词板来配合提词。

提词内容包括商品关键信息、抽奖信息、后续活动信息和向其他平台导流的台词等。一场直播内容较多，要讲的内容也非常多，如果不做提词，主播难免会在直播中遗漏关键信息。

（三）辅助道具

直播团队根据需要准备直播过程中可能用到的其他辅助道具，包括线下商品照片、做趣味实验要用到的工具、道具板、手机、平板电脑、电子大屏、计算器等。在直播过程中，主播可以在道具板上用文字、图片的形式展示模特的身高和体重、商品的尺码、福利信息等；可以使用手机、平板电脑等向用户展示商品卖点、优惠券领取方式等；还可以使用计算器计算商品的组合价、折扣等，以突出商品的价格优势，刺激用户下单。

步骤二：准备直播物料

（一）直播样品准备

直播团队可以根据每场直播的要求及前期直播的复盘数据，确定带进直播间的样品数量和比例，同时要注意引流款、爆款、日常款等产品的合理分配。同时直播间空间有限，有些样品不能够全部展示在直播屏幕上，需要根据直播的时间段和直播间用户的反馈和互动来进行调整展示。除了样品，还需要提前准备好配合样品展示的道具，例如在展示水果时，可能需要用到刀具；在展示糕点时，可能需要餐盘、叉子等；在展示饰品时，可能需要手电打光等。

（二）品牌展示物品准备

直播间是进行品牌宣传的最佳场所之一。在直播前直播团队要根据直播内容，与品牌方充分进行沟通，准备品牌玩偶、品牌 Logo 桌牌等品牌延展物料，以及现场环境布置需要的其他道具，为品牌营销做好充分准备。

（三）产品 / 活动介绍板准备

产品 / 活动介绍板是主播在介绍产品时，对直播讲解内容的关键信息进行展示的工具，方便直播间的用户随时了解福利和活动等。目前常见的产品 / 活动介绍板有简易的小黑板和纸质介绍板，还有可以实时更换内容的电子板。在直播过程中，用电子板播放广告或宣传片时打造的场景能帮助唤醒用户线下消费的记忆，从而促进成交。

任务三　直播间场景搭建

任务分析

直播间场景能塑造氛围，使用户快速进入直播情境。直播间场景的搭建是直播前期筹备的核心环节，为了完成直播间场景的搭建，小何需要从场地、区域、背景及灯光 4 方面着手进行准备。

任务实施

👤 步骤一：布置场地

在选择搭建场地时需要考虑到直播的主题、商品等信息。室内场景有利于搭建符合个人风格的直播间，并且适合展示小件的商品；而室外场景可以展示更加真实直观的情境，在推荐一些商品时会比较有优势。例如，当主播需要推荐水果时，去果园带用户观看果园环境、体验采果，会更容易获得用户信任，促进用户下单。

（一）室内场景搭建注意事项

在室内搭建直播场景主要需要注意5项内容，分别是选择隔音房间、背景干净无杂物、场景风格统一、保证光线效果，以及注意场地深度。

1. 选择隔音房间

在室内进行直播，为了实现良好的播音效果，需要挑选一个隔音效果好的房间，这样可以有效避免杂音干扰。

2. 背景干净无杂物

室内场景空间小，东西一旦放置杂乱，呈现在直播画面中就会显得非常凌乱，影响用户观看效果。因此，在直播商品较多的情况下，直播间要留出足够的空间放置待介绍的商品。此外，有些直播间会配置桌椅、黑板、花卉等道具，也要考虑为这些道具预留空间。有些直播中除了主播外还有副播、助理等人员，所以直播团队在选择场地时也要考虑为这些人员预留工作空间。

3. 场景风格统一

为了保证良好的直播效果，在搭建直播场景时可以尽可能考虑此次直播的主题，选择与主题相适应的风格。如果直播主题是户外探险，那么可以选择野外风格的布景和道具，增强观众的沉浸感和参与感。

4. 保证光线效果

室内直播最怕光线不够充足，不能如实呈现商品颜色。如果确实出现光线不足的问题，可以通过更换到光线充足的房间或者布置灯光来解决。

5. 注意场地深度

如果直播中需要展示一些体积较大的商品，如钢琴、冰箱、电视机等，要注意场地的深度。如果场地深度不够，在拍摄商品时可能会因为摄像头距离商品太近，而不能完整地展示商品，或者出现直播画面不美观的情况。

（二）室外场景搭建注意事项

室外场地直播比较适合展示体积较大的商品，或者需要展示货源采购现场的商品。例如，在码头现场挑选海鲜等。

直播团队选择室外场地搭建直播场景时，需要注意以下事项。

（1）在进行室外直播时，需要考虑天气情况，包括下雨、刮风等，制定相应的预案，并准备室内直播备用方案，以避免受天气影响而延迟直播。如果选择在傍晚或夜间直播，需要配置补光灯。

（2）室外直播场地不宜过大，因为主播需要介绍商品并回应用户问题，过大的场地可能导致时间浪费在行走上。

（3）确保室外场地有良好的网络覆盖，或者准备移动网络热点作为备用网络，以确保直播过程中的网络稳定性，避免网络中断情况的发生。

步骤二：规划直播场地区域

一个规划合理的直播场地通常包括直播区、后台区、商品摆放区，以及其他区域，不同区域有着不同的功能和大小。直播场地区域规划如表5-4所示。

表5-4 直播场地区域规划

直播场地区域	规划
直播区	主播和副播直播区域，展示直播间背景、直播商品、道具等，可以根据直播商品体积进行灵活调整
后台区	直播幕后工作人员所在区域，放置直播使用的计算机、摄像头等设备，以及各类直播辅助工具
商品摆放区	摆放直播中需要讲解的商品样品。如果商品数量较多，则需要安排货架。将商品按照类别整齐地归置好，也可以根据直播商品体积进行灵活调整，以便幕后工作人员在最短的时间内找到所需的商品
其他区域	主播试衣间，或者放置其他搭配品的场地

步骤三：直播间背景布置

直播间的背景布置要遵循简洁明了的原则，背景不抢主播的风头。一般来说，直播间的背景颜色以浅色或纯色为宜，如灰色、米色、棕色等。在背景墙上添加店铺或主播的名字，或者品牌的标志，可以让直播间更具辨识度。图 5-4 所示为东方甄选直播间的背景。

图5-4 东方甄选直播间的背景

如果觉得背景墙太单调，可以在直播间里适当地摆放一些装饰物，如沙发、绿色植物等。在选择装饰物时也要遵循简洁明了的原则，所选择的装饰物要与直播间背景的风格相契合。

步骤四：直播间灯光布置

直播间的灯光布置也非常重要，因为灯光不仅可以营造气氛，塑造直播画面风格，还能为主播美颜。直播间的灯光主要包括主光、辅助光、轮廓光、顶光、背景光、商品光等。

（一）主光

主光是在整个拍摄过程中占据支配地位的光,常称为"基调光"和"造型光"。在直播过程中，需要有来自不同方位的光线进行照明，在这些光线中，必有一种光线起着主导的作用，这就是主光。主光应该正对着主播面部，与摄像机的镜头光轴形成 0°—15°的夹角，这样能够使主播面部光线充足匀称，皮肤显得白皙。但需要注意的是，只有主光会使直播画面看上去缺乏立体感。

（二）辅助光

辅助光又称副光，其作用在于弥补主光的不足，照亮主光所不能照亮的侧面。在直播间使用辅助光能够增加主播整体形象的立体感。但需要注意的是，避免一侧光线太亮而导致直播画面曝光过度。

（三）轮廓光

轮廓光又称逆光，是对着摄像机方向照射的光线。它能够勾画主播轮廓，当主播和背景影调重叠时，轮廓光能够起到分离主播和背景的作用，使主播的主体形象更加突出。

（四）顶光

顶光是从主播头顶位置进行照射的光。在这种光线下，主播的头顶、前额、鼻头很亮，下眼窝、两腮和鼻子下面完全处于阴影之中，更显轮廓。但需注意的是，顶光的位置与主播头顶的距离最好在两米以内。

（五）背景光

背景光又称环境光，是照明主播周围环境及背景的光线。背景光的作用是调整主播周围的环境及背景影调，营造直播间的气氛。由于背景光最终呈现的是均匀的灯光效果，因此在布置背景光时要尽量采取低亮度、多光源的方法。

（六）商品光

商品光是为了展示商品而使用的灯光。主播在讲解商品的过程中，有时需要将商品拿至镜头前对商品进行特写展示，以向用户展示商品的细节。因此，可以在摄像头的旁边增加一个环形灯或柔光球作为商品灯，让商品在特写展示时也不失光泽，具有吸引力。

知识链接

直播间辅助道具的使用

主播直播时使用辅助道具，不仅能够直观传达主播意图，强调直播营销环节中的重点，还能成功地吸引用户的注意力，丰富直播画面，加深用户对直播间商品的印象。直播间辅助道具主要包括以下几种。

1. 商品实物

商品实物是直播间必备道具之一。主播在直播间展示或试用商品实物既可以提升商品的真实感，又可以增强用户的信任感，促成转化下单。

2. 道具板

黑板、白板、荧光板等道具板能够展现文字、图片信息。例如在服饰类直播中，主播可用道具板提示用户如何确定尺码，提示当日"宠粉"活动、福利商品等。

3. 手机、平板电脑、电子大屏等

其主要作用是在主播进行商品介绍时展示商品全貌、官方旗舰店价格，以及广告宣传等。

4. 计算器等

主播可以用计算器等计算商品的组合价、折扣等，突出价格优势，以吸引用户的注意力。

素养园地

明确限制虚构交易金额、虚构流量数据等不正当竞争行为

明确限制虚构交易金额、虚构流量数据等不正当竞争行为是直播电商活动中的一项重要举措。自2021年5月1日起施行的《网络交易监督管理办法》作为贯彻落实《电子商务法》的重要部门规章，对完善网络交易监管制度体系、持续净化网络交易空间、维护公平竞争的网络交易秩序以及营造安全放心的网络消费环境具有重要的现实意义。

《网络交易监督管理办法》明确规定了网络交易经营者不得违反《反不正当竞争法》等相关规定，禁止实施扰乱市场竞争秩序、损害其他经营者或消费者合法权益的不正当竞争行为。其中，特别强调了对虚构交易金额、虚构流量数据等不正当竞争行为的限制。

虚构交易金额是指在直播电商活动中，经营者故意夸大或虚构商品交易金额，以误导消费者或其他经营者，制造虚假的销售热度和市场竞争优势。这种行为严重扰乱了市场秩序，损害了其他经营者的合法权益，也给消费者带来了误导和损失。《网络交易监督管理办法》明确规定，网络交易经营者不得进行虚构交易金额的行为，以维护公平竞争的网络交易秩序。

另外，虚构流量数据也是直播电商活动中常见的不正当竞争行为之一。经营者可能通过购买虚假流量、使用刷单等手段人为提高商品或直播间的访问量和关注度，以吸引消费者或其他经营者的注意，获取不当竞争优势。《网络交易监督管理办法》明确规定，网络交易经营者不得进行虚构流量数据的行为，以维护公平竞争的网络交易秩序。

这些明确的限制措施有助于打击不正当竞争行为，维护市场竞争的公平性和透明度；同时，对于直播电商行业的发展，也提供了更加健康、可持续的环境。贯彻执行《网络交易监督管理办法》有助于建立一个公正、诚信、可信赖的网络交易环境，增强消费者的信心，推动直播电商行业的良性发展。

同步实训

一、实训概述

本实训项目要求学生完成直播前期准备。在进行直播前期准备时，学生需要了解直播团队的架构，清楚直播物料的分类，了解直播间场景搭建的方法，能够根据直播营销需求，完成直播前期的准备。

二、实训步骤

同学们根据本项目所讲的直播团队搭建、直播物料准备及直播间场景搭建的方法，完成"年货节"直播活动前期的准备。

步骤1：搭建直播团队。

步骤2：准备直播物料。

步骤3：搭建直播间场景。

项目六

直播内容实施

本项目旨在引导学生了解直播内容实施的相关知识。通过本项目的学习，学生能够了解直播商品讲解与展示、直播控场和直播间粉丝互动与转化的方法，能够独立完成直播内容的实施。

学习目标

知识目标

1．了解直播商品讲解的方法。

2．熟悉直播商品展示的技巧。

3．了解直播控场的内容及方法。

4．熟悉直播间粉丝互动与转化的方法。

能力目标

1．能够根据直播间商品讲解的流程，完成直播商品的讲解与展示。

2．能够提前规划和安排直播内容，把控直播节奏。

3．能够根据粉丝的需求和特点，与粉丝互动并促进订单转化。

素养目标

1．能够创造独特、有趣且有价值的直播内容，提升直播内容的质量和吸引力，以更好地满足用户需求。

2．遵守《关于进一步规范网络直播营利行为促进行业健康发展的意见》中的相关规定，树立法律意识和法治观念。

项目情境

"年货节"直播活动正式开启，领导要求小何根据策划好的直播脚本完成此次直播内容的实施。为此，小何需要完成直播商品讲解与展示、直播控场及直播间粉丝互动与转化。

任务一 直播商品讲解与展示

任务分析

详细全面地讲解与展示商品可以体现主播的专业水平，引导用户需求，促进商品的成交。要完成直播商品的讲解与展示，小何首先需要了解讲解直播商品的方法与展示直播商品的技巧。

任务实施

步骤一：讲解直播商品

讲解直播商品的技巧是关乎直播间营销效果的重要因素。主播可以通过需求引导、引入商品、赢得信任、促成下单 4 个步骤完成直播商品的讲解。

（一）需求引导

需求引导主要是挖掘用户需求，为引出商品做准备。主播要围绕商品的特点，找出用户使用商品能解决的核心问题，然后以亲身经历或朋友的经历为例，叙述用户可能会遇到的问题，这样可以拉近主播与用户的距离。

需求引导的关键是根据用户深受困扰、迫切需要解决的痛点，推荐一款正好可以解决用户燃眉之急的商品。例如，主播推荐某款燕麦片时，可以这样说："不知道大家有没有遇到过这样的困扰，早上起床时间紧张，来不及吃饭，或者还没到吃饭时间就产生了饥饿感，需要吃一点零食、水果来暂时缓解一下，这时就可以选择我们这款燕麦片……"

（二）引入商品

完成需求引导后，主播接下来就要引入商品，围绕商品的卖点、使用感受等进行描述，让用户了解商品的特色，从而让其内心感觉商品值得购买，激发其购买欲望。

在这个环节中，主播要重点描绘商品的使用场景，把使用体验说清楚，激发用户的购买欲望，从而刺激用户消费。例如，主播在推荐一款烤箱时可以这样说："这款烤箱是为家庭研发的，可以同时烤 3 个面包、6 个蛋挞，满足全家人的早餐需求；周末还可以用这款烤箱在家做自助烧烤，烤一个全家人都爱吃的美味比萨，外加鸡翅、肉串、鱼、虾，刚烤出来的时候特别香，而且方便健康，全家人可以在一起享受幸福时光。"这种商品讲解方式可以给用户很大的想象空间，容易激发用户的购买欲望。

（三）赢得信任

赢得用户信任也是直播营销的关键点。赢得信任的方式主要有3种：权威背书、数据证明和现场体验。

1. 权威背书

权威人物或机构得到大多数人的认可和信任，其本身具有一定说服力，如果权威人物或机构为商品背书，会极大地增加商品在用户心中的好感度。主播在介绍商品的权威背书内容时，不能影响商品讲解信息的传播和理解，要使用用户普遍可以理解的语句来介绍。

2. 数据证明

主播可以用具体的销量、顾客评分、好评率、回购率等数据来证明商品的优质及受欢迎程度。例如，"这款餐具在淘宝平台累计销售10万套了，顾客评分4.9分（满分5.0分），用过的人都知道……"

3. 现场体验

主播可以在直播间现场试用推荐的商品，并且展示使用效果、分享使用体验，验证商品的功能和特色，这样对用户更有说服力。

（四）促成下单

在经过以上3个步骤的铺垫后，主播可以使用以下技巧来促成用户下单。

1. 展示价格优势

主播可以展示商品的官方旗舰店价格或市场价，与直播间的价格进行对比，营造价格优势，让用户感觉物超所值。例如，"这款洗发水在天猫旗舰店的价格是89元1瓶，今天晚上在我们直播间的用户，享受买两瓶直接减89元，相当于第一瓶89元，第二瓶不要钱，真的超值……"

2. 赠品和套餐搭配

主播可以提供赠品或套餐搭配的方式，增加商品的价值感和吸引力。例如，"购买这款书包，我们还会赠送一个同系列的文具袋……"

步骤二：展示直播商品

为了能够更好地展示商品、促进销售转化，主播在展示商品时要结合商品信息，运用商品展示技巧，对商品展示方式进行设计。不同类目商品的展示技巧有所区别，具体如下。

（一）美食类商品

美食类商品的展示以主播试吃或专人试吃为主，同时辅以现场拆包、现场制作等内容。主播在直播间推荐美食类商品时，需要介绍商品的产地、主料、辅料、营养价值、味道、规格、价格、包装等，还要围绕商品的加工制作方法、储存方法、食用方法等方面进行展示。

（二）服饰类商品

服饰类商品的展示以主播试穿或专人试穿为主，同时辅以图片展示尺码与款式信息。在介绍服饰类商品时，为了增加讲解的吸引力，主播可以采用试穿、介绍服饰的风格、介绍服饰的尺码与款式，以及介绍服饰的穿着场景或搭配等方法来进行展示。

（三）美妆类商品

美妆类商品的展示以主播试用或助理试用为主，同时辅以视频或使用教程。在直播间推荐美妆类商品时，主播要着重介绍商品的质地、价格、容量、使用方法、试用感受等。在展示效果、质地、颜色等方面时，主播可以先在手臂上或脸上试用，直观地向用户展示商品的使用效果。

（四）3C类商品

3C类商品的展示主要介绍商品的新功能和高性能，同时辅以视频演示。

3C 类商品主要是指计算机类（Computer）、通信类（Communication）和消费类电子产品（Consumer Electronics）。对于 3C 类商品，主播以开箱介绍方式为主，从检测、剖析、展示商品的生产工艺、性能、功能、技术指标等方面入手，重点在于突出推荐的商品与其他商品的差异，以及推荐商品的优势。

任务二　直播控场

任务分析

直播控场是有效保证直播有条不紊推进的关键。为了把握直播节奏，避免出现冷场等尴尬局面，小何需要从明确时间节点及关键任务、适时停止对商品的推荐两方面进行直播控场。

任务实施

👤 步骤一：明确时间节点及关键任务

提前对直播内容进行规划和安排，把握直播节奏，可以有效保证直播进行得有条不紊，实现场景、人员、道具、商品的合理调度。

由于直播活动是实时传送信息的，因此在有限时间内需要以脚本为依据完成各项任务，并且在遇到突发情况时需要灵活、有效地处理，以保证直播效果。主播作为直播活动的关键主体之一，要起到串联直播环节的枢纽作用，就必须掌控直播节奏，保证直播能够顺利完成。下面以一场 120 分钟的直播为例，讲解直播过程中的时间分配和任务制定。

（一）开播后前10分钟，与用户互动

在开播后前 10 分钟，主播应与用户互动，向所有进入直播间的用户表示欢迎和感谢，提醒他们点击"关注"并加入粉丝群。同时，主播可以进行自我介绍，以加深用户对自己的印象。

（二）第11～60分钟，商品展示

接下来的第 11 ～ 60 分钟，主播应进行商品展示。主播可以预告本场直播活动中的商品，并提醒用户关注爆款商品。根据商品组合情况，主播逐一介绍商品，并展现自己的特色，以提升直播效果。在商品展示过程中，主播需要保持良好的精神面貌，并调动用户的参与热情。同时，主播要时刻关注用户的反应，包括评论和留言。新手主播可以展现自己的专业性并突出个人特色，给用户留下深刻的印象，从而积累人气。

（三）第61～80分钟，与用户互动，拉近距离

在第 61 ～ 80 分钟，主播可以再次与用户互动，以拉近彼此的距离。快速且有效的方式是进行聊天互动。主播平时可以多关注时事热点，搜集趣味故事，并在互动和聊天时发起有趣的话题，引发用户共鸣。此外，主播还可以参加主播"连麦"活动，吸引不同直播间的用户，提升自己的知名度。

（四）第81～110分钟，抽奖送福利，回馈用户关注

在第 81 ～ 110 分钟，主播可以进行抽奖送福利的活动，回馈用户的关注。主播可以在不同时段设置互动抽奖环节，或者集中在某一时间段开展抽奖活动。这样的活动能够增加用户的参与感和满足感，吸引更多用户持续观看直播，并期待下一场直播的到来。同时，这也有助于维系主播与用户的关系，激发用户的购物热情。

（五）第111～120分钟，感谢用户的陪伴，预告下场直播内容

在第 111 ～ 120 分钟，主播应感谢用户的陪伴，并预告下一场直播的时间和内容。对于一直观看到直播结束的用户，主播要特别关注他们的意见和需求，并表示感谢。同时，主播要向用户预告下一场直播的时间与内容，为下场直播做好准备，积攒人气，并做好宣传动员，吸引更多用户持续关注直播。

步骤二：适时停止对商品的推荐

通常情况下，主播介绍商品是直播的核心内容，在整场直播中时间占比最高。但是，在实际直播过程中，主播需要适时停止介绍商品，具体情况可分为以下两种。

（一）及时添加商品链接

长时间地介绍某个商品，可能会过度消耗用户的购物热情，减弱用户的购买欲望，用户停留在商品详情页的时间与订单转化率会在一定条件下形成反比关系。也就是说，当用户的停留时间过长，考虑的因素过多，大概率就会在犹豫之后放弃购买。所以，当主播在介绍商品时，用户的购物欲望已经到达顶点，此时主播应该立刻上架商品链接，刺激用户下单，从而提高商品销量。

（二）不随意中断直播内容

主播在介绍商品重点内容时不要随意中断。介绍中断时，用户可能还没有获得需要的商品信息，其购物需求也可能尚未得到满足，就会减少对商品的购买兴趣，影响商品的成交转化率。因此，主播必须充分掌握商品的核心内容，在介绍商品时区分商品信息的主次关系，不受外界因素影响，把控好商品介绍的时间与节奏，让商品的核心内容能够不受干扰地传达给用户，进而满足用户的购物需求，激发用户的购买欲望。

任务三　直播间粉丝互动与转化

任务分析

直播间粉丝互动与转化对直播销售业绩起重要作用。为在直播间与粉丝建立起信任关系，并完成互动转化，推动直播效果的提升，小何要重视粉丝的价值、与粉丝建立信任关系及促进粉丝订单转化。

任务实施

👤 步骤一：重视粉丝的价值

粉丝可以为直播带来热度与曝光度，蕴含着巨大的商业价值。粉丝价值已经成为衡量直播营销能力的核心指标之一。重视粉丝的价值，就需要分析粉丝的特点，分析粉丝的需求，发挥粉丝的价值。

（一）分析粉丝的特点

1. 接收自己感兴趣的信息

面对直播过程中庞杂的信息量，粉丝通常容易选择接收自己感兴趣的信息，而自动屏蔽或者过滤其他信息。面对直播内容、直播形式的多样化，粉丝也只愿意关注自己感兴趣的那一部分。

2. 偏好简洁的内容

在信息化时代，传递精练简明的内容对粉丝更有吸引力。纷繁复杂的信息容易分散粉丝的注意力，不利于突出商品优势及展现商品卖点。简洁的内容既能够节省粉丝的购物时间，又能加深粉丝对商品的印象。

3. 对购买决定缺乏安全感

因为目前网络购物仍然存在"实物与描述不符""商品性能与实际需求不一致"等主客观因素带来的购物风险，所以粉丝对购买的决定缺乏安全感。大部分粉丝更愿意选择有销售记录并且其他用户给予好评的商品。

4. 放大主播个人形象的"溢出效应"

粉丝对主播的喜好一旦形成，通常较难改变。主播个人形象对直播活动能够产生溢出效应，包括技术效应、经济效应、文化效应。这是由于直播活动类型越来越丰富，直播内容包罗万象，粉丝在主播的引导下可增强对商品的认知，进而做出选择。

（二）分析粉丝的需求

1. 3种粉丝类型

根据粉丝是否有明确的购物需求，直播中常见的粉丝可分为以下3种类型。

第一类，粉丝有明确的购物需求。他们知道自己想要购买哪些商品，会重点关注自己需要的商品，从而快速形成购买决策，缩短整体购物时间。

第二类，粉丝有大概的购物需求方向，但不明确自己具体应该购买哪些商品。

第三类，粉丝没有具体的购物需求，或者更准确地说，粉丝暂时没有将潜意识的购物需求挖掘出来。因此，当这类粉丝受到价格优惠或大众认可等因素影响、环境刺激后，容易产生购物欲望。

2. 把握粉丝需求

粉丝对直播的需求不仅是满足购物的欲望，还在于娱乐消遣。不同个体存在不同的需求，这就需要主播通过更多渠道及时搜集粉丝的需求信息，对直播内容进行优化与整理。

（1）把握粉丝基本需求。

在直播过程中，主播需要把握好"商品内容"与"娱乐内容"的时间占比，突出商品的性能、优势、性价比等核心内容，莫让过多的娱乐内容分散了粉丝的注意力，适时提醒粉丝在有效时间内下单，实现商品销售的目标。

（2）挖掘粉丝个性化需求。

直播间粉丝呈现年轻化趋势，需求存在较大的差异性。同时，商品的市场竞争愈演愈烈，细分领域发展空间巨大。为了深度挖掘粉丝的个性化需求，主播需要倾听粉丝的声音。

（三）发挥粉丝的价值

主播在塑造个人形象的过程中需要粉丝的支持，粉丝的价值主要体现在以下两个方面。

1. 分享转发

粉丝是主播的核心消费者，他们认可主播推荐的商品，喜爱主播的直播风格，同时还会分享转发与主播有关的消息。粉丝的分享转发会为主播带来更高关注度和曝光度。主播想要推动粉丝进行分享转发，就必须输出高质量的内容，重要的是输出对粉丝有价值的内容。同时，主播还要不断提升自身的魅力，用人格魅力吸引粉丝关注。

2. 终身留存

主播在衡量粉丝价值的时候，不能只着眼于当下，而应该考虑到粉丝的留存在未来产生的巨大价值。因为维护老用户的成本远低于获得一个新用户的成本，所以维护粉丝能够产生巨大的投入产出效应。高黏度、高活跃度的粉丝不仅能够带来销售收益，还能够产生口碑效应，这远比广告推广有用得多。

👤 步骤二：与粉丝建立信任关系

在网络购物环境下，信任是促成交易的前提。主播要想与粉丝建立信任关系，首先要回应粉丝的想法。只有双方达成共识后，才有机会进行下一步的沟通，然后开展多次融洽的互动交流，最终建立起更加坚定的信任关系。

（一）回应粉丝的想法

1. 利用专业知识来说服粉丝

在推荐商品时，重复使用标语式的营销词很难赢得粉丝的好感。而使用专业知识来介绍商品的功效，并展现自己的风格特点，会更容易引起粉丝的注意。

2. 通过讲故事来拉近与粉丝的关系

除了展示专业知识外，主播还可以通过讲故事的方式引发粉丝共鸣，拉近与粉丝的距离。具体做法是，主播将商品及其使用场景融入故事情节，通过内容设计突出商品的性能及优势。

3. 强调商品的性价比，成为粉丝心目中的可信赖卖家

商品是主播与粉丝建立信任关系的媒介，主播可以通过推荐高质量的商品来提升自己的品牌形象，成为粉丝心目中可信赖的卖家。为了突出商品物有所值的特点，主播可以通过多种方式展示商品的性能，同时也要与同类商品进行价格比较，提供充分的依据来验证商品的价值。当遇到价格较高但品质和性能远超其他商品的情况，如果粉丝不能接受，主播可以重点解释并采用性价比等综合指标进行说明，以获得粉丝的理解和认可，巩固自己的品牌声誉。

（二）学会沟通是主播的基本功

在直播"带货"的过程中，主播需要时刻与粉丝进行沟通，这就要求主播必须掌握与粉丝沟通的技巧。主播的感染力越强，就越能够带动粉丝的情绪，获得粉丝的信任。

1. 用幽默化解尴尬

当主播在直播中发生小失误或者被问到不合时宜的问题时，可以通过幽默的方式化解尴尬。例如，主播可以自嘲一下自己的失误，或者以幽默的语言回应粉丝的问题，让气氛轻松快乐起来，重新营造活跃的直播氛围。

2. 不夸大其词，语言通俗易懂

在推荐商品时，主播应避免夸大商品的特点或功效。过度表演会让粉丝产生怀疑。为了赢得粉丝的信任，主播应以真实的方式介绍商品，并使用通俗易懂的语言，方便粉丝理解。

3. 有效沟通

主播与粉丝之间的沟通需要确保双方的信息传递顺畅。主播首先要明确自己想要表达的核心内容，并以简洁明了的方式传达给粉丝。同时，主播也要关

注粉丝的反馈和需求，通过分析粉丝的消费心理和挖掘他们的需求，实现有效的双向沟通。

（三）在互动中建立信任关系

互动是主播与粉丝建立信任关系的重要手段。在直播过程中，主播要多与粉丝进行互动，增强粉丝的参与感。互动越多，粉丝与主播的关系越亲近，就越容易对主播产生信任感。主播可以通过回答问题、提出开放式问题、制造话题等方式与粉丝进行互动。

1. 多看评论：耐心回答粉丝的问题

主播在直播过程中应多关注评论，并耐心地回答粉丝的问题。粉丝可能会提出关于商品细节、优惠活动等方面的问题。主播的关注和回答不仅可以帮助粉丝解决疑惑，还能让粉丝感受到主播的真诚和关注，增加对主播的好感。

2. 你问我答：开放式问题引导粉丝参与

利用开放式问题引导粉丝参与直播是一种有效的互动方式。主播可以在直播中提出开放式问题，调动粉丝的积极性，与粉丝进行互动。这样的互动能让粉丝感到轻松，并更自在地与主播交流。

3. 制造话题：吸引粉丝参与互动

在几个小时的直播中，如果主播一直围绕商品展开长篇大论，可能会让粉丝感到无趣。因此，主播可以制造话题，引发粉丝的讨论，调整直播的节奏，激发粉丝的参与热情。这样的互动能够增加直播的趣味性和吸引力。

步骤三：促进粉丝订单转化

主播的粉丝多并不意味着直播转化率高，在直播中，"质"比"量"更重要，将普通粉丝转化为愿意为直播电商付费的粉丝是直播转化的重要目的。在直播中，主播可以通过触动粉丝痛点、调动粉丝购物热情、实现粉丝成交转化3个方面提高直播的质量。

（一）触动粉丝痛点

1. 寻找粉丝兴奋点：聚焦商品的核心卖点，打造差异化优势

为了激发粉丝的购物热情，实现商品销售，主播需要在了解粉丝需求的基础上寻找粉丝的兴奋点，聚焦商品的核心优势，打造商品的核心卖点，突出商品的与众不同。

2. 调动感官：激发粉丝的购买欲望

调动感官是指在直播中利用具体、形象的感官描述，帮助粉丝产生联想与想象，激发其购买欲望。调动感官的直接有效的方法就是向粉丝描述体验商品的真实感受，将眼睛看到的、耳朵听见的、舌头尝到的、鼻子闻到的、心理感受到的信息真实地传达给粉丝，让粉丝产生代入感，仿佛亲自体验过一般，使粉丝快速进入商品消费场景，从而激发粉丝的购买热情。

（二）调动粉丝购物热情

1. 发放粉丝福利

发放福利既可以让粉丝享受到商品优惠，又可以有效地宣传推广直播间。发放粉丝福利的方式通常包括发放商品优惠券和增加赠品。

（1）发放商品优惠券。

发放商品优惠券的营销成本低，并且面向直播间里的粉丝，能够实现精准投放。粉丝在商品卖点介绍和商品优惠券的双重吸引下更易产生购买行为。另外，主播也可以在粉丝完成下单后发放优惠券，以此吸引粉丝进行二次消费。需要注意的是，主播发放商品优惠券时应该说清使用规则，例如，商品优惠券不兑现、不找零、有明确的使用期限、过期不补等。

（2）增加赠品。

满赠活动是以商品为核心进行福利营销的主要方式，即粉丝购物满一定额度后可以获得赠品。合理开展满赠活动可以有效提高商品的销量。但是在挑选赠品时，主播需要让粉丝感受到自己的真诚，尽量选择实用性及耐用性强、质

量过硬、外观精美的商品。

2. 进行抽奖

抽奖是主播进行福利营销的重要手段。粉丝有追求实惠的心理，而主播在直播销售中开展抽奖活动，无疑会吸引更多粉丝的关注。开展抽奖活动的方式多种多样，不同的抽奖方式对粉丝的吸引力也不同。

（1）通过定期抽奖增强粉丝黏性。

对主播而言，粉丝在直播间停留的时间越长，越容易提高商品的点击率和销量。通常新手主播在粉丝基础薄弱的情况下，可以通过抽奖来吸引粉丝关注。

（2）通过商品互动问答抽免单机会。

主播可以设置商品互动问答环节，为粉丝抽取免单机会。其优点体现在强化粉丝对商品的印象、增强互动、拉近距离、让利粉丝，达到福利营销的目的。

商品互动问答是向粉丝强调商品优势与卖点的好机会。因此，主播要根据商品的核心优势与卖点设置商品互动问答的问题，同时要把握问题的难易度，提升活动对粉丝的吸引力。

（三）实现粉丝成交转化

在直播"带货"过程中，主播可以运用一些方法帮助粉丝打消购物疑虑，促成订单转化。从众成交法和假设成交法是促成交易的有效方法。

1. 从众成交法

从众成交法是指主播利用粉丝的从众心理，促使粉丝快速下单。运用从众成交法时主播提供的各种数据必须真实可信，不能以虚假信息欺骗粉丝，否则会极大地损害主播的信誉。另外，由于从众成交法以人们的从众心理为主导，因此，对于追求个性、喜欢表现自我的粉丝而言，可能会适得其反。

2. 假设成交法

假设成交法是指在销售过程中，主播假设粉丝已经购买了商品，与粉丝深入地进行交流，引导粉丝做出回应。具体的做法是，主播首先判断粉丝的购物心理，在预计粉丝已经有购买意向的情况下，使用假设成交法促成交易。

知识链接

常见的直播互动方式

1. 弹幕问答

弹幕问答即聊天互动，是直播互动常见的方式。不论用户是心存疑惑还是表达观点，都可选择发弹幕，期望得到主播回应，或与其他用户交流。此时，主播应积极、及时、耐心地解答，让用户有被关注、重视的感觉，从而提升用户的好感度，使用户更加积极地参与互动。如果弹幕中出现了负面消息，主播可以心平气和地予以真诚解释或采取忽略态度。如果负面、消极的内容影响到直播活动，可以直接屏蔽该用户发言，以维持正常的直播秩序。一旦发现高质量、有代表性的正面消息，可重点关注，并借势引发新的互动。

2. 有奖互动

在直播过程中增设有奖互动环节，如抽奖、发红包、分享有礼等福利活动，可以快速拉升人气，营造良好的直播间氛围。

3. 主播连线

主播连线是两位主播进行互动交流的活动，通常用于在线竞技比赛，也可以用于合作助力，增强信誉。目前市场上的直播系统基本都有连线功能。主播连线有益于主播建立社交关系，双方粉丝也能实时互动，并在互动中产生碰撞，带来更多乐趣，最后双方粉丝互相转化，形成粉丝互关的趋势，为连线主播带来更多的新流量。

4. 观众"连麦"

直播时选择开启"连麦"功能，进入直播间的用户就可以发起语音"连麦"或视频"连麦"的申请,主播通过后,即可实现与用户音频或视频"连麦"。直播"连麦"功能可以增加主播与用户的互动,有利于拉近双方距离、增强用户黏性,同时也有助于提高内容质量,增加内容的丰富性、趣味性和可看性,还能够提高直播间的留存率。

素养园地

加强直播内容管理,提高直播内容质量

近年来,电商直播行业迅速发展,网络消费展现出蓬勃活力,但各类违法违规行为也随之出现。例如,用户在直播间购买的商品货不对板,甚至有些主播在直播间进行虚假宣传,向用户销售"三无"商品、假冒伪劣商品等,引发社会的广泛关注。

为规范直播"带货"话术,加强网络直播营利行为规范性引导,鼓励支持网络直播依法合规经营,促进网络直播行业规范发展,国家互联网信息办公室、国家税务总局、国家市场监督管理总局联合制定了《关于进一步规范网络直播营利行为促进行业健康发展的意见》(以下简称《意见》)。

《意见》中对网络直播营销行为做出相关规定,加强网络直播销售商品质量安全监管,网络直播发布者、网络直播服务机构严禁利用网络直播平台销售假冒伪劣商品,不得进行虚假或者引人误解的商业宣传,欺骗、误导消费者或者相关公众,不得帮助其他经营者实施上述行为,而应当全面、真实、准确地披露商品或者服务信息,保障消费者的知情权和选择权,对直接关系消费者生命安全的重要消费信息进行必要、清晰的提示。

企业要想实现长久发展,必须坚持以用户为中心的服务原则,站在用户角度思考问题,以诚信经营的态度、高品质的商品及服务质量赢得用户认可,切不可为了获取盈利而夸大商品及服务效果,虚假宣传。

同步实训

一、实训概述

本实训项目要求学生完成直播内容实施。学生能够在直播内容实施的过程中了解直播商品讲解与展示的方法及技巧,熟悉直播控场的内容方法,熟悉直播间粉丝互动与转化的方法，从而完成直播内容的实施。

二、实训步骤

同学们根据本项目所讲的直播商品讲解与展示、直播控场及直播间粉丝互动与转化的方法，完成"年货节"直播活动内容的实施。

步骤1：讲解与展示直播商品。

步骤2：完成直播控场。

步骤3：促进直播间粉丝互动与转化。

项目七

直播内容推广

项目任务分解

本项目包含了两个任务，具体如下。

任务一 站内渠道推广

任务二 站外渠道推广

本项目旨在引导学生了解直播内容推广的相关知识。通过本项目的学习，学生能够了解运用短视频、微信公众号及社群渠道推广直播内容的方法，能够独立完成直播内容的推广。

学习目标

知识目标

1. 了解站内渠道免费推广和付费推广的方式。

2. 了解站外渠道免费推广和付费推广的方式。

能力目标

1. 能够根据短视频推广流程，完成短视频推广。

2. 能够根据微信公众号推广流程，完成微信公众号推广。

3. 能够根据社群推广流程，完成社群推广。

素养目标

1. 具备适当的逻辑思维和操作能力，能够根据目标受众选择合适的推广渠道，并按照相关运营要求推广直播内容。

2. 遵守《著作权法》，尊重他人的知识成果和创作劳动，保护知识产权，促进文化创新和社会进步。

项目情境

为了吸引更多用户参与直播，领导安排小何为公司正在开展的"年货节"直播活动进行推广。为此，小何需要完成直播内容的站内渠道推广和站外渠道推广。

任务一　站内渠道推广

任务分析

站内渠道推广是进行直播内容推广的重要途径之一，可以引起平台内用户的注意并吸引他们观看直播。要完成直播内容的站内渠道推广，小何首先需要了解站内渠道免费推广与付费推广的方式及流程。

任务实施

步骤一：短视频免费推广

短视频免费推广主要有个人推广和多渠道分享推广两种方式。

（一）个人推广

个人推广是指由个人将制作好的直播推广内容发布在短视频平台上的一种推广方式。这种方式是短视频推广中最基础、最简单的一种推广方式。个人推广一般需要经过以下步骤。

步骤1：添加直播推广短视频。

步骤2：编辑推广文案。

步骤3：发布直播推广短视频。

以抖音平台为例，进行个人直播内容推广，具体操作步骤如下。

步骤 1 打开抖音，进入抖音首页，如图7-1所示，点击下方中间的"+"按钮，然后进行素材的选择。

步骤 2 进入快拍页面，点击快拍页面的"相册"按钮，在弹出的相册内选择已经制作好的直播推广内容的短视频，然后点击页面下方的"下一步"按钮，进入短视频编辑页面，如图7-2所示。

步骤 3 在短视频编辑页面，可以为短视频添加音乐、文字、特效及自动弹幕等，运营可根据推广需求自行设置，将短视频编辑完成后点击页面下方的"下一步"按钮，进

图7-1 抖音首页

入发布页面。

步骤 4 在发布页面将已编辑好的文案和话题输入标题编辑框中，如图7-3所示，再点击"选封面"设置短视频的封面，然后点击页面下方的"发布"按钮，即可完成个人直播内容的推广。

图7-2 短视频编辑页面

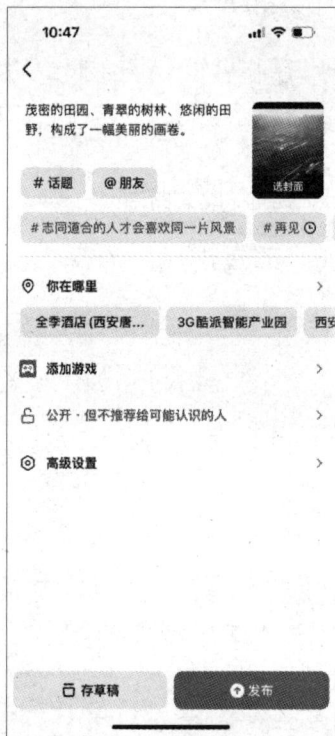

图7-3 发布页面

（二）多渠道分享推广

多渠道分享推广是指短视频创作者借助短视频平台的多渠道分享功能进行短视频推广的一种方式。这种方式可以增加短视频的曝光量，可以有效地为短视频引流，是短视频推广最常用的一种方法。多渠道分享推广一般需要经过以下步骤。

步骤1：选择需要推广的短视频。

步骤2：选择分享的渠道。

步骤3：分享推广。

以抖音为例，进行多渠道分享推广的操作，具体操作步骤如下。

步骤 1 打开抖音，在"我"的页面中选择要分享推广的短视频，然后点击页面右侧的 ⋯ 按钮，在弹出的页面中，可以选择将短视频发送给抖音好友，也可以将短视频分享给微信朋友。这里以分享给微信朋友为例进行操作，点击分享页面中的"微信朋友"按钮，然后在弹出的提示框中点击"去微信粘贴"，如图7-4所示，然后跳转至微信页面，选择要分享的微信朋友，在对话框中粘贴视频链接并发送，如图7-5所示。

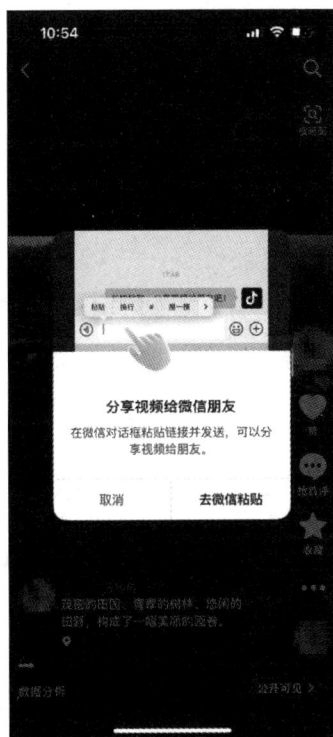

图7-4 点击"去微信粘贴"

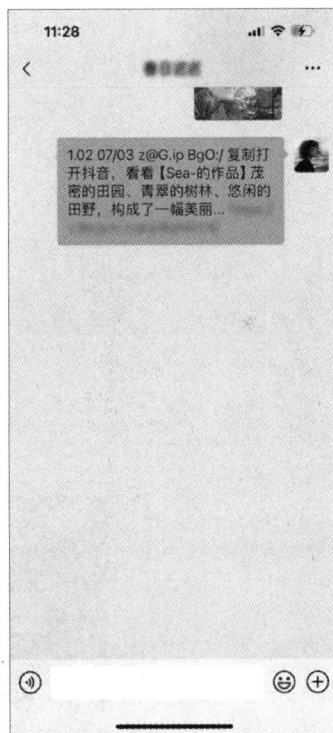

图7-5 发送给微信朋友

步骤 2 在微信的"发现"页面，点击"朋友圈"，如图7-6所示；进入朋友圈页面后点击页面右上角的 📷 按钮，如图7-7所示，在弹出的列表中点击"从手机相册中选择"，进入图片或视频选择页面，在该页面中选择已下载完成的抖音短视频，进入视频编辑页面。

图7-6 点击"朋友圈"

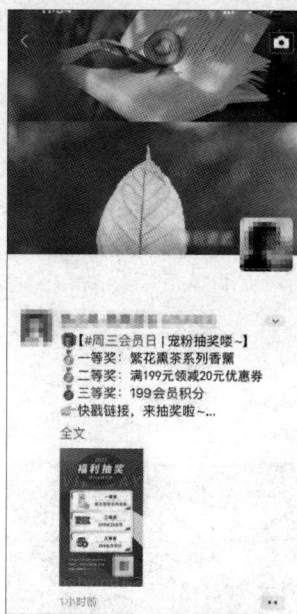

图7-7 点击 📷 按钮

步骤 3 在视频编辑页面中可对短视频进行编辑，如图7-8所示，编辑完成后，点击"完成"按钮，进入朋友圈编辑页面，在朋友圈编辑页面中输入已编辑好的推广文案，如图7-9所示。完成后点击"发表"按钮即可完成短视频内容的发布，如图7-10所示。

图7-8 编辑视频

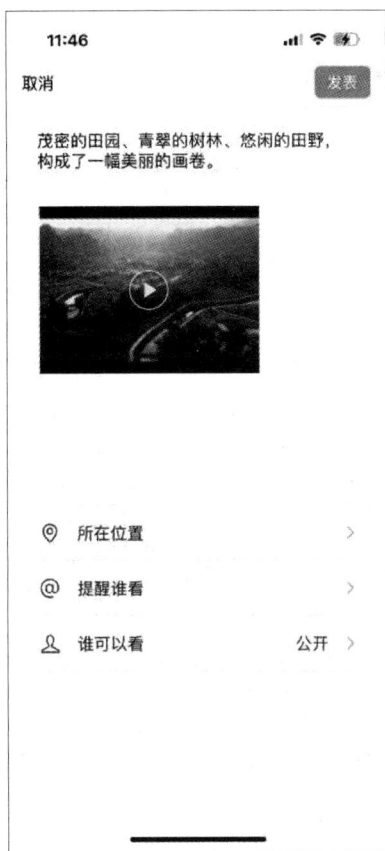

图7-9 输入推广文案

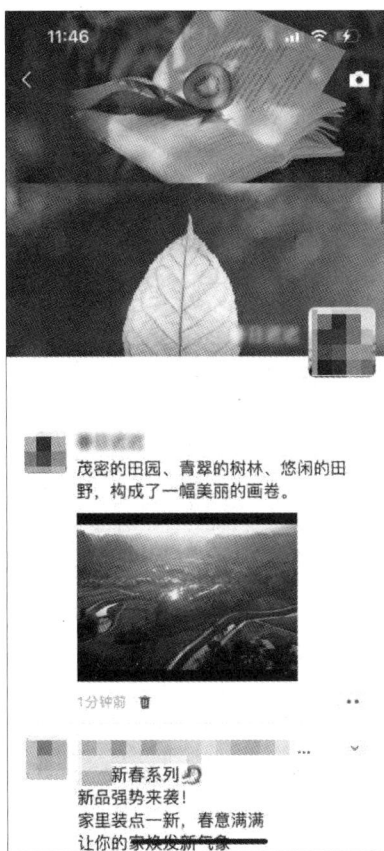

图7-10 朋友圈发布

步骤二：短视频付费推广

付费推广是指在推广短视频过程中采用付费的形式为短视频获取流量。常用的短视频付费推广方式有借助站内付费推广工具推广和借助关键意见领袖（Key Opinion Leader，KOL）推广，具体内容如下。

（一）借助站内付费推广工具推广

借助站内付费推广工具推广是指借助短视频平台内部的付费推广工具对短视频进行推广，不同短视频平台有不同的付费推广工具。例如抖音平台的"DOU+"、快手平台的"快手粉条"等工具。下面以抖音为例，讲解使用"DOU+"在抖音上推广短视频的操作。

"DOU+"是抖音平台为创作者提供的短视频推广引流工具，能够帮助创作者提高短视频播放量与互动量，提升内容的曝光效果。

"DOU+"推广短视频的具体操作步骤如下。

步骤 1 打开抖音，进入个人主页，如图7-11所示，选择需要推广的视频，然后点击页面右侧的 ••• 按钮，在弹出的页面中，点击"上热门"按钮，如图7-12所示。

图7-11 个人主页

图7-12 点击"上热门"按钮

步骤 2 进入"DOU+"推广页面后，选择想要推广的视频，并选择推广的目标，例如增加点赞评论量、粉丝量、主页浏览量等，如图7-13所示。

步骤 3 在选择推广目标之后，可以根据自己的需求来选择适合的推广套餐，包括特惠套餐和基础套餐，还可以了解预计的提升转化数及投放时长。首次推广还可以享受新人优惠，选择了合适的套餐之后，点击右下角的"使用新人优惠，一键投放"按钮，支付成功后即可完成"DOU+"的推广操作，如图7-14所示。

图7-13　选择推广视频及推广目标

图7-14　完成"DOU+"推广

（二）借助KOL推广

借助 KOL 推广是指通过与拥有更多、更准确产品信息，并且被特定群体所接受或信任的个人合作，以影响该群体的购买行为，并推广短视频的一种方法。借助 KOL 推广短视频一般需要经过以下几个步骤。

步骤1：根据短视频的主题和内容寻找目标用户群体。

步骤2：根据目标用户群体的特点和爱好寻找契合的KOL。

步骤3：与寻找的KOL进行合作洽谈，并将推广的文案和短视频发送给KOL，让其进行推广。

任务二 站外渠道推广

任务分析

除站内渠道推广外，还可以通过站外渠道进行直播内容的推广，常见的站外推广渠道包括微信公众号、社群等。要完成直播内容的站外渠道推广，小何首先需要了解微信公众号推广及社群推广的方式及流程。

任务实施

步骤一：微信公众号推广

微信公众号推广是指借助微信公众号平台进行直播内容的推广。微信公众号推广主要有两种方式，分别是免费推广和付费推广。

（一）免费推广

微信公众号免费推广是指将要推广的内容发布在已有的微信公众号上进行推广。借助微信公众号免费推广直播内容，一般需要以下几个步骤。

步骤 1 登录微信公众平台。

使用浏览器进入微信公众平台，登录账号，进入微信公众平台首页，如图7-15所示。

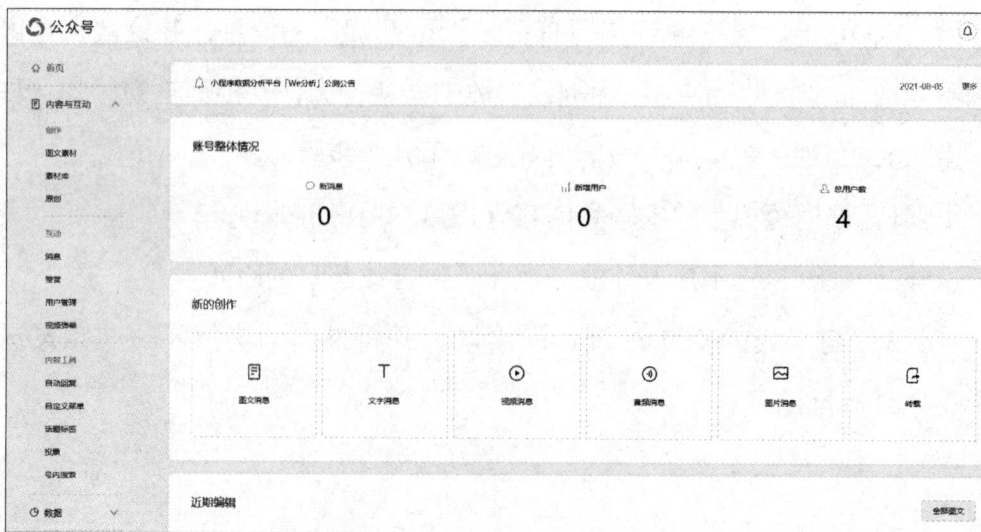

图7-15 微信公众平台首页

步骤 2 编辑推广内容。

　　在"新的创作"模块中，可以创作图文消息、文字消息、视频消息、音频消息、图片消息等内容，如图7-16所示。这里以创作图文消息为例进行操作，单击"图文消息"按钮，进入图文消息编辑页面，如图7-17所示，在该页面中输入已经准备好的直播推广文案，添加直播推广图片，完成后添加直播推广内容的封面和摘要。

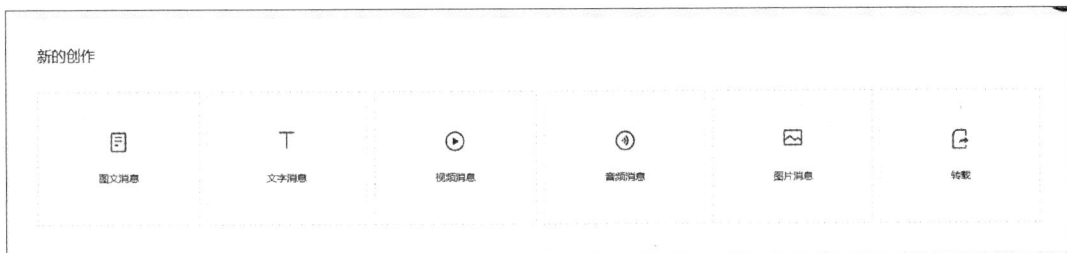

图7-16 "新的创作"模块

图7-17 图文消息编辑页面

步骤 3 完成编辑后，单击页面下方的"保存并群发"按钮，即可完成推广。

（二）付费推广

微信公众号付费推广主要是指借助微信公众平台中的"广告主"进行信息的推广，可以将推广内容投放到微信朋友圈、微信公众号、微信小程序上进行推广引流，进而扩大信息的覆盖面和影响力。

"广告主"是微信进行广告投放的通道，用户可通过开通"广告主"在微信上进行广告投放，吸引更多的流量和关注。"广告主"推广的广告位有朋友圈广告、公众号广告和小程序广告 3 种。

1. 朋友圈广告

朋友圈广告是基于微信生态体系，以原创内容的形式在用户朋友圈进行展示的原生广告，如图 7-18 所示。

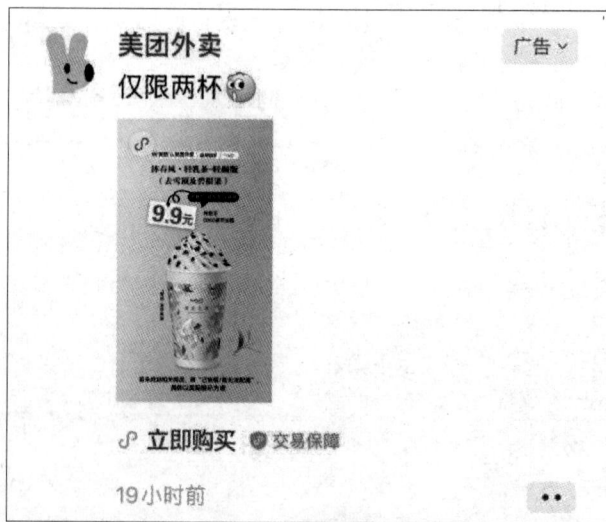

图7-18 朋友圈广告

2. 公众号广告

公众号广告是基于微信公众号平台生态，通过在公众号文章中插入广告内容的形式来进行推广引流，如图 7-19 所示。微信公众号中的广告资源位包括文章底部、视频贴片等。

图7-19　公众号广告

3. 小程序广告

小程序广告是在微信小程序中展示的一种广告，这种广告可以结合小程序的特点，灵活设置展现页面与位置，如图 7-20 所示。

图7-20　小程序广告

👤 步骤二：社群推广

社群推广是指借助社群对直播内容进行推广。借助社群推广直播内容，一般需要经过以下几个步骤。

步骤 1 选择社群。

在进行社群直播内容推广时，运营首先需要根据直播的内容，在已有的社群中选择跟直播内容相匹配的社群。在选择社群时，可以从直播的主题、产品、受众等维度进行选择。例如关于学习资料与文具的直播，就可以选择知识型的社群和产品型的社群进行推广。

步骤 2 调动社群成员的活跃度。

在社群里，不是所有人都能及时看到群消息，如果没有人互动，就会造成社群整体活跃度较低。所以在发布内容前，运营需要在社群里开展一些小活动来调动社群成员的活跃度。

步骤 3 直播内容推广。

将社群成员的活跃度和积极性调动起来后，运营就可以发布制作好的内容。发布的内容可以是文字、图片，也可以是视频。

知识链接

（个人）微信公众号的注册步骤

步骤 1 打开微信公众平台官方网站，单击右上角的"立即注册"按钮，如图7-21所示，然后选择账号类型，如图7-22所示。

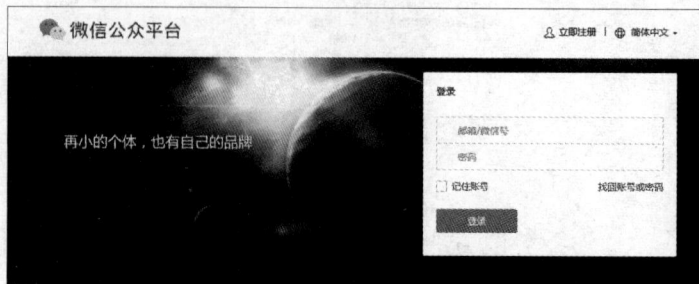

图7-21 立即注册

图7-22 选择账号类型

步骤 **2** 填写用于注册的邮箱账号，然后单击"激活邮箱"按钮，根据收到的验证邮件，填写邮箱验证码。然后设置并确认注册微信公众号的密码，阅读并同意《微信公众平台服务协议》，完成基本信息的填写，如图7-23所示。

图7-23 填写信息

步骤 3 信息登记，选择个人类型后，填写身份证信息。

步骤 4 填写账号信息，包括公众号名称、功能介绍，选择运营地区。

步骤 5 等待后台审核，审核通过后即可完成注册。

素养园地

明确微信公众号转载文章涉及的侵权问题

通常情况下，微信公众号转载文章涉及的侵权问题主要体现在两个方面：一是侵害他人著作权，二是侵害他人人身权。

账号运营者在转载他人文章前需要得到原作者的许可，否则可能构成著作权侵权。根据《著作权法》，未经著作权人同意，擅自转载他人文章属于侵权行为。如果账号运营者在微信公众号上转载了他人的文章，而没有获得作者的授权或者未按照授权范围使用，就可能触犯著作权法。

除了著作权外，转载文章还可能侵犯原作者的人身权。例如，账号运营者未经许可转载他人文章可能导致原作者名誉受损，侵犯其姓名权、肖像权等人身权利。根据《民法典》和《著作权法》，未经著作权人同意的转载行为可能构成对原作者人身权利的侵害。

为避免侵权问题，账号运营者在微信公众号上转载文章时，建议遵循以下原则。

1. 获得授权：尽量获得原作者的书面授权，明确转载的使用权限和方式。与原作者沟通并取得明确的授权，可以减少著作权侵权的风险。

2. 标注作者和来源：在转载时注明原作者，并注明文章来源。在文章开头或结尾明确标注原作者的姓名和文章来源，以尊重原作者的权益。

3. 保持完整性和准确性：尊重著作权人的意愿，不擅自修改、篡改或删除原文内容。尽量保持原文的完整性和准确性，不对原文进行修改、删除或添加，以避免侵犯著作权和人身权。

4. 合法性和原创性判断：避免转载具有侵权嫌疑的文章，如未经授权的新闻报道、摄影作品等。在转载前，对文章进行合法性和原创性的判断，避免转载侵权作品。

遵循上述原则，账号运营者在微信公众号上可以进行合法、合规的文章转载，避免侵权问题的发生。

同步实训

一、实训概述

本实训项目要求学生完成直播内容推广。学生能够在直播内容推广的过程中，了解运用短视频、微信公众号及社群等渠道推广直播内容的方法与流程，能够完成直播内容的推广。

二、实训步骤

同学们根据本项目所讲的站内渠道推广和站外渠道推广的方法，完成"年货节"直播内容的推广。

步骤1：站内渠道推广。

步骤2：站外渠道推广。

项目八

直播效果分析

本项目包含了两个任务，具体如下。

任务一 直播过程监控与分析

任务二 直播数据复盘

本项目旨在引导学生了解直播效果分析的相关知识。通过本项目的学习，学生能够了解直播过程监控与分析的思路及方法，了解直播数据分析的维度及核心指标，熟悉数据采集方法与数据表的制作，掌握直播数据分析与优化的流程，能够独立完成直播效果的分析。

项目任务分解

学习目标

知识目标

1. 了解直播过程分析的思路。

2. 认识直播过程分析的主要内容。

3. 掌握直播过程分析的主要方法。

4. 认识直播数据分析的维度及核心指标。

5. 熟悉直播数据采集的渠道。

6. 了解直播数据分析的常用方法。

能力目标

1. 能够结合直播数据核心指标，完成直播过程中各项数据的监控与分析。

2. 能够结合直播数据分析指标，完成直播数据的采集分析及数据表的制作。

3. 能够结合直播复盘结果，提供有效的直播过程优化方案。

素养目标

1. 培养数据意识，能够运用适当的数据分析工具和方法，对采集到的数据进行统计与分析，深入理解直播效果的改进方向。

2. 具备反思与复盘的能力，能够对直播过程进行全面的回顾和分析，发现问题和不足，并提出改进策略和措施。

项目情境

"年货节"直播活动圆满结束，领导要求小何对本次直播活动的效果进行分析。为此，小何需要完成直播过程监控与分析及直播数据复盘。

任务一 直播过程监控与分析

任务分析

直播过程监控与分析能够帮助运营了解不同流量渠道的成交占比和转化效率。为了更好地分析直播效果，小何首先需要监控直播过程、了解直播过程分析思路，并掌握直播过程分析方法。

任务实施

👤 步骤一：监控直播过程

以抖音直播为例，运营可以借助抖音电商罗盘直播数据大屏，实时监控直播间"人、货、场"数据变化，及时识别异常及优秀数据，快速调整直播策略。抖音电商罗盘直播数据大屏包含核心指标、成交趋势、流量分析、用户画像、商品列表、整体趋势和实时直播评论七大板块，如图8-1所示。

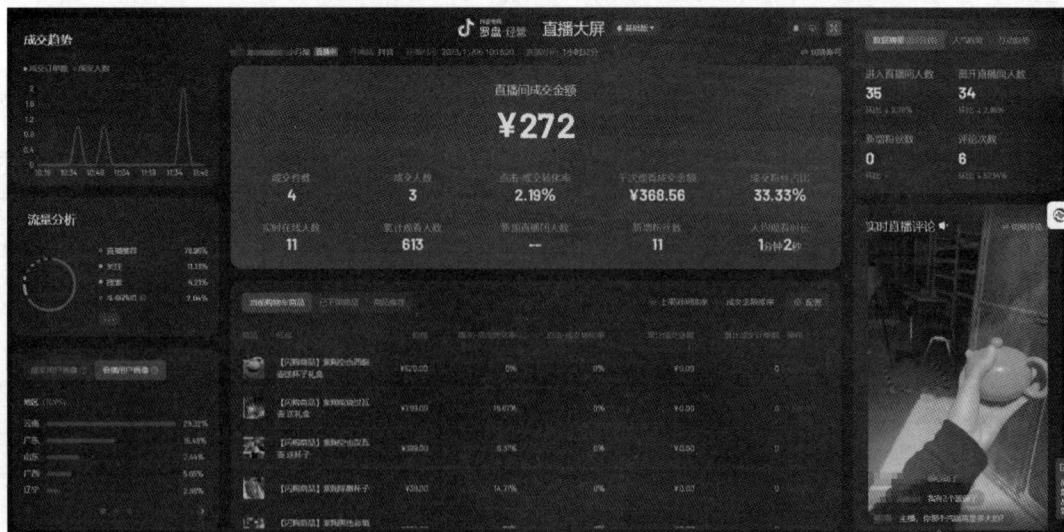

图8-1 抖音电商罗盘直播数据大屏

（一）核心指标

核心指标板块包括直播间成交金额、成交件数、成交人数、点击-成交转化率、千次观看成交金额、成交粉丝占比、实时在线人数、累计观看人数、新加直播团人数、新增粉丝数和人均观看时长，如图 8-2 所示。运营可以实时查看这些关键数据，以了解直播的表现情况。

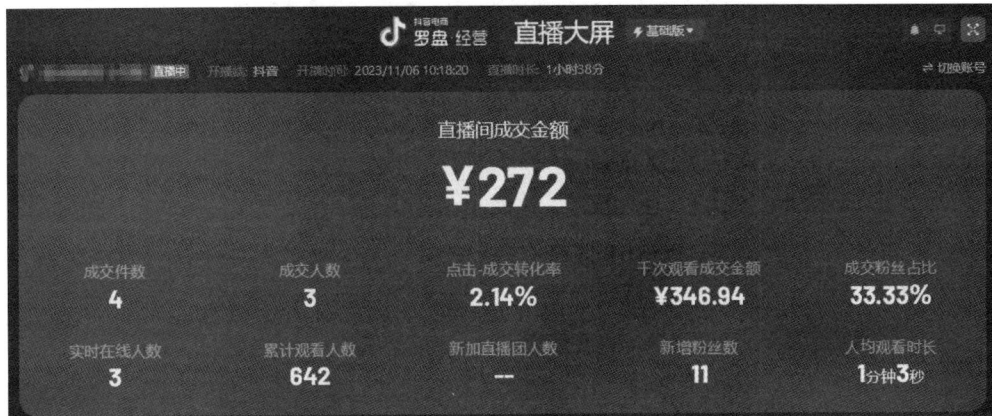

图8-2 核心指标

（二）成交趋势

成交趋势板块包括成交订单数和成交人数，如图 8-3 所示。通过可视化图表和趋势分析，运营可以了解直播带来的实际商业价值，并判断营销策略的有效性。

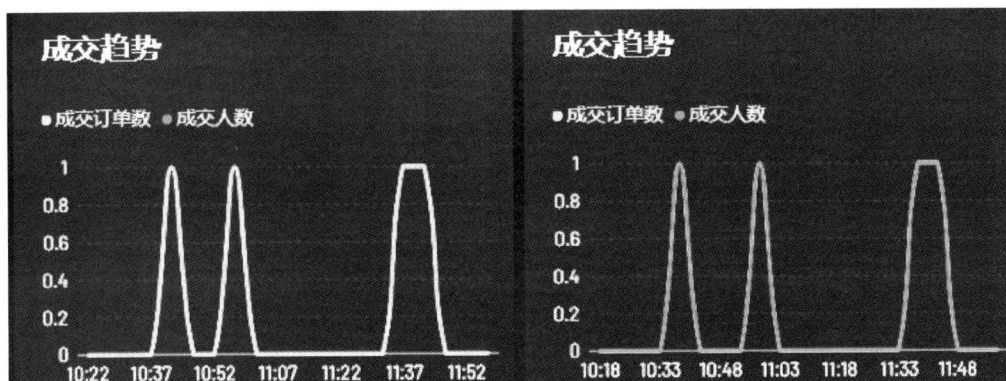

图8-3 成交趋势

（三）流量分析

流量分析板块包括流量渠道、流量占比和成交金额占比，如图 8-4 所示。运营可以了解用户是如何找到直播间的，从而调整营销策略和增加流量来源。

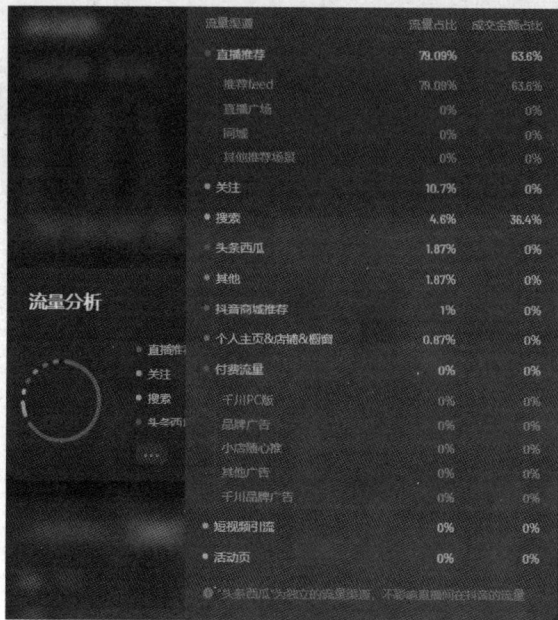

图8-4　流量分析

（四）用户画像

用户画像板块包括成交用户画像和看播用户画像，如图 8-5 所示。通过用户画像的分析，运营可以更好地了解目标受众的特征，有针对性地制定商品推广和内容策略。

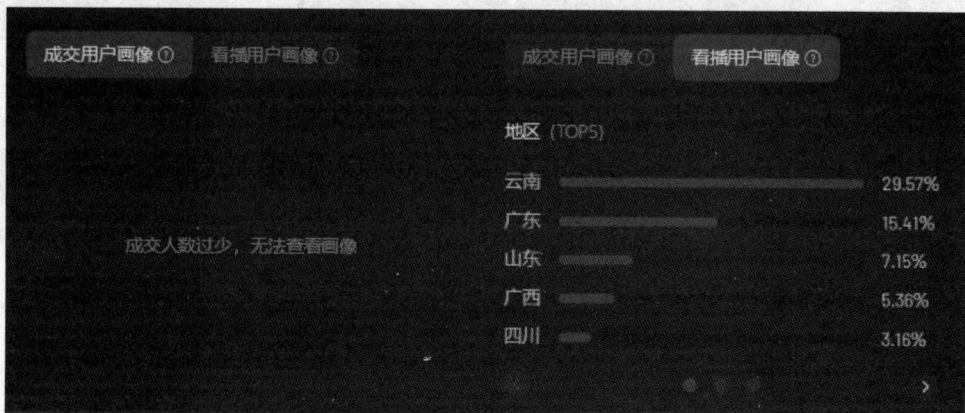

图8-5　用户画像

（五）商品列表

商品列表包括当前购物车商品和已下架商品，分别如图8-6、图8-7所示。运营可以方便地查看直播中展示的商品情况，以及商品的销售表现。

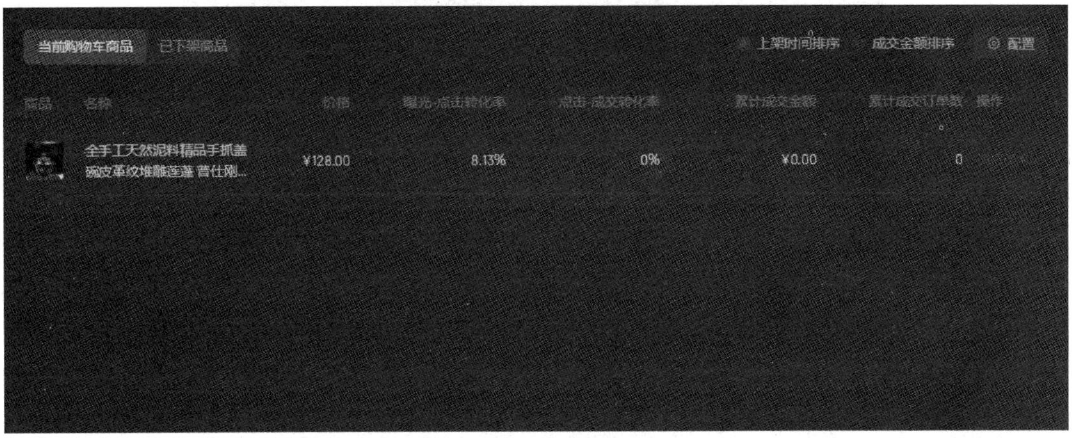

图8-6 当前购物车商品

图8-7 已下架商品

（六）整体趋势

整体趋势包括人气趋势和互动趋势。人气趋势包括离开直播间人数、实时在线人数和进入直播间人数，如图8-8所示。互动趋势包括新增评论数和新增粉丝数，如图8-9所示。运营可以通过趋势图和数据对比，了解直播的整体效果，并做出相应的调整和优化。

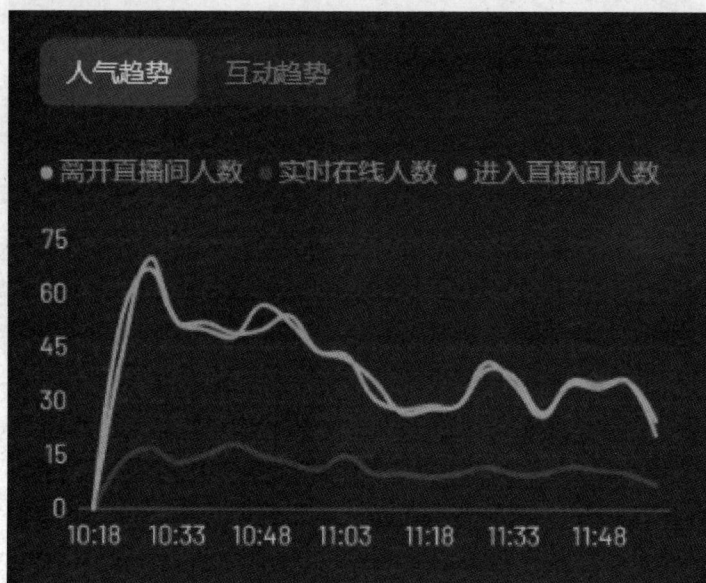

图8-8　人气趋势

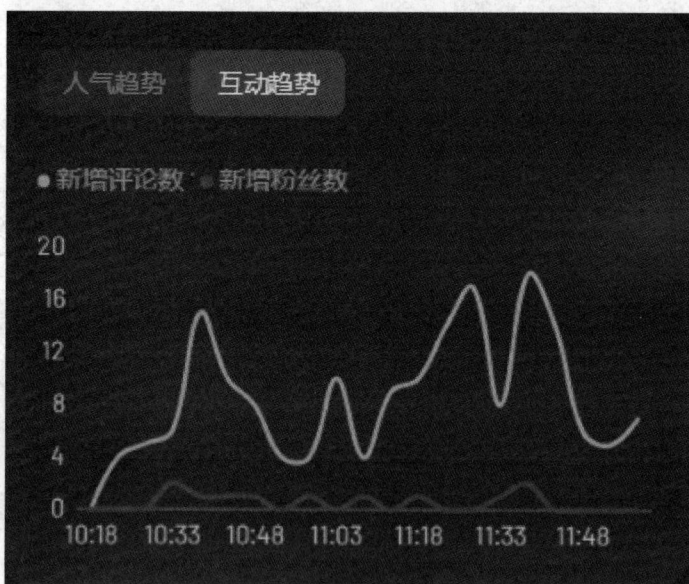

图8-9　互动趋势

（七）实时直播评论

实时直播评论显示了用户在直播过程中的实时评论，如图 8-10 所示。运营可以及时了解用户的反馈和情绪，以及对直播内容的评价和建议。这些评论有助于改进直播策略，提高用户参与度和满意度。

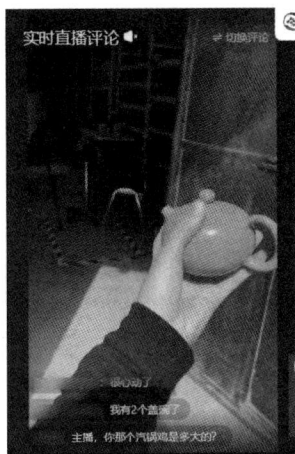

图8-10　实时直播评论

👤 步骤二：了解直播过程分析思路

一场直播电商活动的结束并不意味着真正的结束，主播下播后，直播团队还需要对当日直播全流程进行分析复盘，从中挖掘需要注意的问题和能够复制的经验，这样整场直播才算是真正完成。

（一）直播过程分析的思路

直播过程分析的思路主要包括 4 点，分别是回顾目标、效果评估、分析原因及总结规律，如图 8-11 所示。

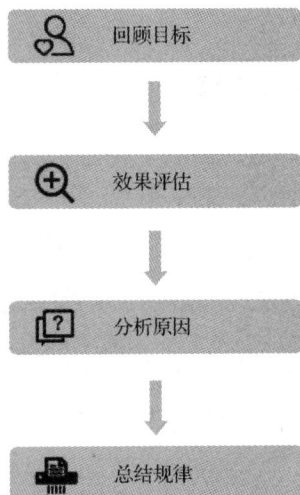

图8-11　直播过程分析的思路

1. 回顾目标

回顾目标指的是回顾直播策划时所制定的目标。通过回顾目标，主播可以厘清直播最开始所制定的方向，思考自己在直播的过程中有没有偏离目标。

2. 效果评估

目标是理想状态，而实际完成效果是现实情况。效果评估是将理想状态与现实情况进行对比，寻找两者之间的差距，从而对此次任务实践效果进行整体评估。

3. 分析原因

出现问题需要找到原因，如果目标超额完成也需要找出成功的经验。对每一次直播的情况进行反思，有利于主播挖掘影响直播效果的深层次因素，从而不断进步。

4. 总结规律

直播过程分析的目的就是总结直播规律，以指导后续直播的实施。对于总结出来的规律，需要确定是偶发性因素还是普遍性因素、结论是指向人还是指向事等，最后将总结出的规律形成文档。再经过多次直播数据验证，总结成可复制使用的规律，用来指导以后的直播工作。

（二）直播过程分析的主要内容

1. 回顾分析主播状态

主播直播时的状态、临场发挥情况会对直播质量和效果产生直接的影响。如果主播状态不佳，则可能出现直播间人数激增时无法承接流量、掌控不好直播节奏、无法及时回答用户提出的专业问题、商品介绍缺乏吸引力等问题。

基于以上种种问题，总结主播状态时，首先要看主播是否重视本场直播、开播前是否做好了充足准备、是否充分了解商品的卖点信息、是否熟悉直播脚本与话术，以及妆容及穿着是否适宜。其次还应分析直播过程中主播的精神状态是否饱满，注意力是否集中，是否与用户积极互动等。

2. 回顾分析团队配合情况

（1）策划。

分析策划是否存在所选商品吸引力不足、商品卖点归纳不足、预估直播数据出现偏差、对直播突发状况未做出有效判断等问题。

（2）助理。

分析助理是否存在推广引流人群不精准、道具准备错误、与主播的互动不及时、声音不够洪亮等问题。

（3）副播。

分析副播是否存在激情不足、与主播配合不佳、商品细节展示不清晰、问题回复或解决不及时等问题。

（4）场控。

分析场控是否存在商品上下架操作失误、优惠券发放不及时、库存数量修改错误、实时问题出现后没有进行记录等问题。

3. 回顾分析直播间人气变化

直播团队通过回顾直播间的人气变化，结合直播间进场人数和在线人数等数据，可以分析哪个时间段进入直播间的人数较多、在线用户人数较多等，从而分析什么话术和直播形式更受用户欢迎；根据直播间用户流失的数据，分析大量用户离开直播间的原因。

4. 回顾分析直播间销售数据

销售数据能充分体现直播"带货"的效果，直播间的销售效果与选品策略、价格策略紧密相关，直播间的高销量商品可以反映用户的购买意愿，指导下次选品和定价。

销售数据能体现主播的直播"带货"能力，但是需要综合分析直播间在一段时间内的销售数据走向。如果在一段时间内直播间的销售数据出现下滑的趋势，直播团队就要找出原因，尽快调整策略。

5. 回顾分析直播间用户的评论

直播团队通过汇总直播间用户的评论，一方面可以了解用户感兴趣的话题，以便在下次直播时能够"对症下药"；另一方面，根据用户对各商品的咨询情况，可以了解哪些商品受欢迎，下次直播重点推荐这类商品，提高用户的下单转化率。另外，通过用户的反馈信息，直播团队还可以了解用户感兴趣的商品，为直播选品提供参考。

👤 步骤三：掌握直播过程分析方法

直播过程分析的方法主要有 3 种，分别是团队研讨法、情境重现法、关键节点法。

（一）团队研讨法

团队研讨法是以团队研讨的形式进行复盘的一种方法。这种研讨形式的复盘可以分为提前准备、有效引导、推进落实 3 个阶段。

1. 第一阶段：提前准备

复盘是以团队研讨的形式进行的，需要寻找到大量的客观事实，制定明确的目的。在复盘之前，需要提前准备好团队复盘方案、组织团队开展复盘会议、汇总团队复盘会议资料、提前通知复盘会议相关人员等，做好复盘会议前的沟通与协调。

2. 第二阶段：有效引导

在复盘会议期间，有效引导能够提高复盘会议的质量，提升复盘的效果。一般复盘会议会安排主持人，主持人需要按照会议议程推进会议，应该做到简明扼要地开场、按照复盘底层逻辑引导团队进行研讨、总结经验教训、提出后续行动计划等，不要求复盘内容面面俱到，但应当抓住关键问题，进行深入研讨。

3. 第三阶段：推进落实

复盘的目的是学习和改进，在复盘结束后还应当将复盘结果真正付诸行动，推动复盘结果的"落地"执行，促进后续行动的改进、创新以及绩效的提升。在这一阶段，更多的是后勤及行政工作，需要专人将复盘结果整理并分享给大家、跟进改进实施进度等，让复盘的经验和结论真正转变为直播团队的能力。

（二）情境重现法

"情境"不仅包含背景、环境等信息，还包括3种"场"或"流"，具体如表8-1所示。

表8-1　3种"场"或"流"

场（流）	意义
信息场（流）	了解当时现场的外在环境"有什么"
思维场（流）	了解当时现场每个人是如何思考的
情绪场（流）	了解当时现场的人员之间是什么关系，为什么会这样

"场"强调的是空间状态，"流"强调的是时间变化，而所谓的情境重现，除了重现当时的行为外，还应当重现当时的信息场（流）、思维场（流）和情绪场（流）。

1. 信息场（流）

信息场（流）复盘体现在主播通过回顾直播过程中的场景，重新梳理直播间搭建的场景、直播参与人员名单及分工、直播的主题、直播的话术等，从而梳理出整场直播的具体情况。

2. 思维场（流）

思维场（流）复盘有助于将信息场复盘时提出的问题分析清楚，找到有效的解决办法。例如主播在信息场复盘时，发现自己与嘉宾连线环节没有按照既定的话术执行，分析自己当时的想法，他觉得当时由于粉丝的情绪与关注点已经转移到了商品的质量上，并非商品价值，为了顺应粉丝情绪，自己有意识地改变了话术，从而有效引导粉丝。

3. 情绪场（流）

情绪场（流）复盘是指主播通过对自己进行直播前后的心理状态和情绪变化进行回顾，梳理出现问题的原因。

（三）关键节点法

对于一些参与人员多、事件结构复杂的活动，如果采用情景重现法进行复盘，需要投入大量的人力、物力，这时就可以考虑选择关键节点法进行复盘。

关键节点法是在复盘的过程中，根据事件自身发展现状，以事件为主先确定复盘的关键节点，然后再围绕关键节点进行重现、思考和推演，最终完成对整个事件的复盘。关键节点复盘的方法有正向关键节点复盘法和逆向关键节点复盘法两种。

1. 正向关键节点复盘法

在复盘过程中，对事件按照时间顺序或内容进行考虑，寻找出关键节点，对事件进行阶段切分，然后再围绕关键节点进行情境重现和问题思考，这便是正向关键节点复盘法。在复盘中寻找事件的关键节点时，多从里程碑、里程碑时刻等时间关键节点和里程碑事件等内容关键节点中选择。

需要注意的是，当时间关键节点和内容关键节点统一时，可以选择时间关键节点或内容关键节点作为复盘的正向关键点；当时间关键节点和内容关键节点不一致时，要以内容关键节点作为复盘的正向关键点。

2. 逆向关键节点复盘法

在复盘过程中，根据以往经验，先确定事件成功需要具备的关键因素，然后再围绕关键因素进行复盘，寻找出自己和他人在执行过程中的优点、问题、不足。分析出导致事件最终成功或失败的核心因素之后，针对复盘得出结论，制定出弥补和强化的方案，为下一次事件的成功做准备。

任务二 直播数据复盘

任务分析

直播数据复盘是直播运营的一个重要维度，主播通过数据复盘不断优化直播的整个过程，总结出直播中的各种不足，然后在下一场直播中改进，以获得更好的直播效果。为了更好地进行数据复盘，小何还需要了解直播数据分析的维度及核心指标，熟悉数据采集方法与数据表的制作，掌握直播数据分析与优化的流程。

任务实施

步骤一：了解直播数据分析的维度及核心指标

不同直播平台的数据指标略有差异，但数据分析维度大体相当，包括用户画像数据、流量数据、商品成交数据、直播互动数据。

（一）用户画像数据

用户画像数据分为直播用户画像和粉丝团用户画像，两者都包括性别分布、年龄分布、地域分布、商品购买需求分布、消费人群占比、视频标签喜好分布等。通过直播用户画像，主播可以了解自身直播间的受众人群及其特征，从而确定更符合受众定位的精准直播思路。

（二）流量数据

流量数据主要包括本场直播的核心指标及流量来源。

核心指标主要包括在线人数、新增粉丝数、转粉率、粉丝停留时长。

1. 在线人数

在线人数指目前正在观看直播的用户人数，是实时的动态数据。

2. 新增粉丝数

新增粉丝数指一场直播结束，直播后和直播前相比增加的粉丝数量，即本场直播中新产生的关注主播的用户数。新增粉丝数是衡量直播是否吸引用户的一个重要指标。

3. 转粉率

转粉率=新增粉丝数/观看直播的总人数。转粉率越高，说明直播效果越好，受关注度越高，越容易留住用户。

4. 粉丝停留时长

粉丝停留时长是指一场直播中一个用户账号从进入直播间到退出直播间的时间。粉丝停留时长能够从侧面反映出用户对直播内容的感兴趣程度。用户只有在直播间停留了一定时间，才能够对商品产生兴趣，进而产生关注和购买行为。因此，增加人均有效观看时长对提高直播间的转化率有着非常重要的意义。

查看直播后台，能够明确一场直播的流量来源主要是哪些方面。以淘宝直播平台为例，其流量来源主要分为直播关注、推荐、微淘、店铺、主播主页、商品详情页、搜索、分享回流、其他等方面。

（三）商品成交数据

商品成交数据是直播数据分析中的重要类别。商品成交数据包括销售额、销量、客单价、销售转化率等。

1. 销售额

销售额指的是一场直播结束达到的成交额。销售额越高说明主播的"带货"能力越强，但销售额还需结合销量和客单价一起评估。

2. 销量

销量指一场直播销售商品的总数量。

3. 客单价

客单价指平均每个用户支付的金额。客单价=直播间总销售额/总销量。直播间的商品客单价与商品的价格息息相关。一般来说，成功的直播间其商品价位往往呈现两极化：低客单价商品负责引流，贡献了主要销量；高客单价商品则负责利润，贡献了主要销售额。

4. 销售转化率

销售转化率 = 销量 / 累计观看人数。其用以衡量直播间用户产生购买行为的可能性。

（四）直播互动数据

直播互动数据展示的是主播在直播过程中和用户的互动情况，主要包括点赞数、转发量、弹幕词等。

1. 点赞数

点赞数指一场直播获得点赞的总数。点赞数的提高可以通过一些互动小游戏来完成，例如主播提出点赞数达到 10 万个，将进行一波抽奖等。

2. 转发量

转发量指直播间的转发总次数。转发量越高说明用户的分享意愿越强，说明直播的内容越丰富有趣，用户越愿意转发分享。

3. 弹幕词

在直播过程中，用户会与主播产生互动，发出的评论就形成了弹幕，当直播结束，主播将弹幕中的评论汇总整理，在其中找到评论度较高的热词，形成弹幕词。在一些直播平台后台，主播可以通过对评论的汇总收集到弹幕词相关数据，对直播间弹幕数据进行细致分析，就可以发现用户对哪些商品的兴趣比较浓厚，在之后的直播中可以进行重点推广。

步骤二：熟悉数据采集方法与数据表的制作

（一）数据采集方法

想要进行直播数据分析，首先需要采集直播数据。常见的直播数据采集渠道主要包括账号后台、平台提供的数据分析工具及第三方数据分析工具等。

1. 账号后台

在主播的账号后台，通常会有直播数据统计，主播可以在直播过程中或直播结束后通过账号后台获得直播数据。

（1）淘宝直播。

在淘宝直播平台，主播可以通过淘宝直播中控台、淘宝主播 App 两个渠道获得直播数据。

淘宝直播中控台是指在个人计算机（Personal Computer，PC）上查看淘宝直播数据的数据平台。主播既可以在直播进行中查看直播数据，又可以在直播结束后查看对应数据。

对于正在直播中的直播间来说，若要查看实时直播数据，主播可以在 PC 端直播中控台首页中单击"查看详情"进行查看；对于已经结束直播的直播间来说，若要查看直播数据，主播可以在 PC 端直播中控台中依次选择"我的直播"—"某条直播回放"—"查看数据详情"选项，然后进入该场直播的数据详情分析页面。在数据详情分析页面中，主播可以在"指标总览""实时趋势""流量运营""商品分析"等模块中查看不同维度的数据，以全面掌握直播情况。

除了查看实时数据，主播也可以通过淘宝直播中控台中的数据中心模块查看相应数据，如图 8-12 所示。

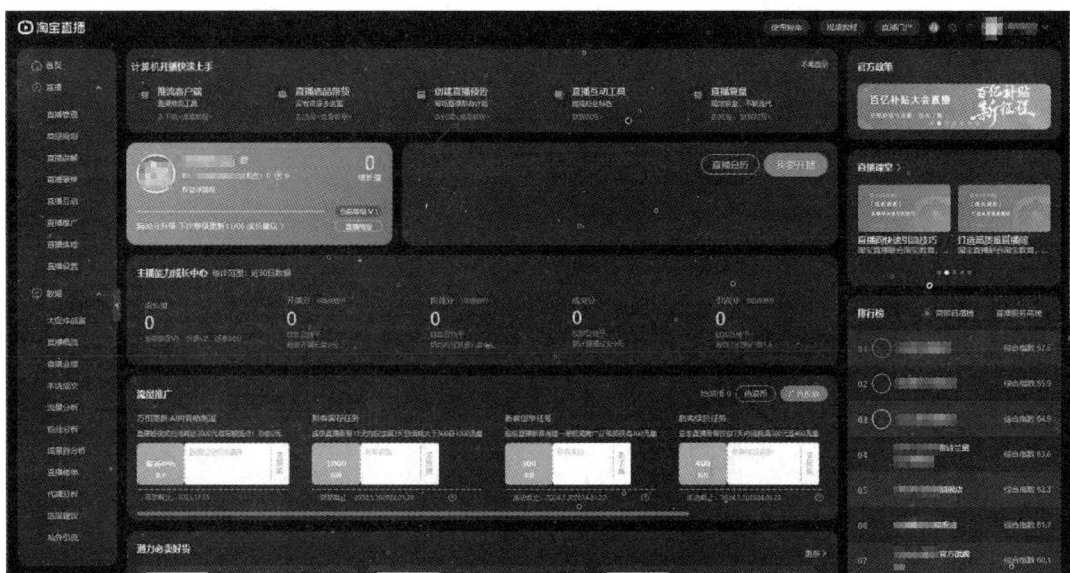

图8-12　淘宝直播中控台

淘宝主播 App 是移动端查看淘宝直播数据的数据平台。对于正在进行的直播，主播可以向左滑动直播推流页面，查看直播实时数据；对于已经结束的直播，主播可以在淘宝主播 App 上登录账号，在"我的直播"中找到想要查看的直播，即可进入该场直播的数据分析页面查看数据。淘宝主播 App 首页如图8-13所示。

图8-13　淘宝主播App首页

（2）抖音直播。

对于抖音上进行的直播，主播可以通过登录抖音创作服务平台获取直播数据。这些数据主要包括观众的观看时长、观众互动情况、点赞数和分享次数等。对这些数据进行分析有助于主播更好地了解其受众，进而调整直播内容以提高观众参与度和留存率。抖音创作服务平台首页如图8-14所示。

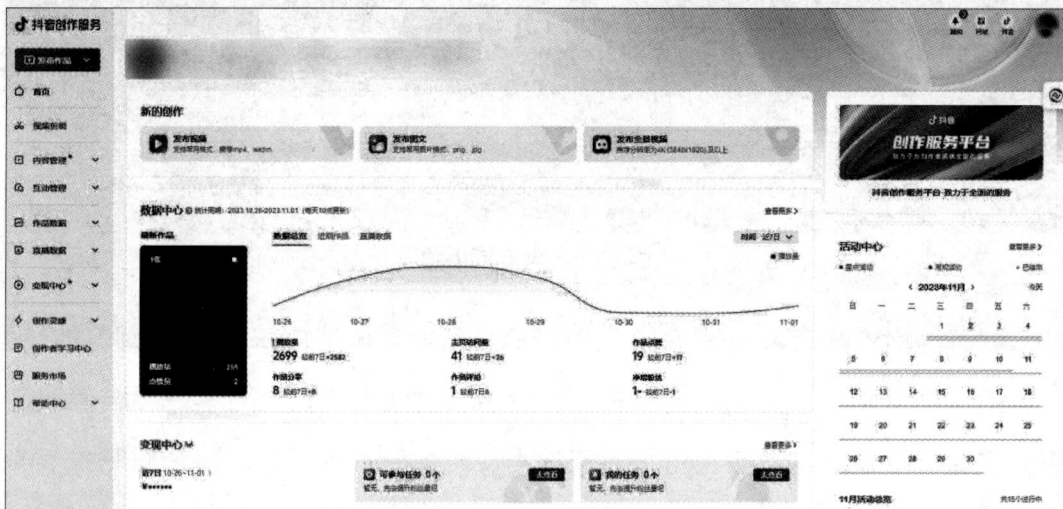

图8-14　抖音创作服务平台首页

2. 平台提供的数据分析工具

个别直播平台也会为平台主播提供一些数据分析工具。

（1）生意参谋。

生意参谋是淘宝平台为卖家提供的电商数据分析工具，该工具旨在帮助卖家更好地了解和管理他们的淘宝店铺业务。它提供了丰富的数据和分析功能，以帮助卖家优化经营策略，提升销售效果。通过这些数据，卖家可以了解直播活动的效果，包括观众互动、观看时长、直播商品的点击率等。生意参谋首页如图8-15所示。

图8-15　生意参谋首页

（2）抖音电商罗盘。

抖音电商罗盘是抖音平台为卖家提供的电商数据分析工具，旨在帮助抖音卖家追踪和分析业务表现。它提供了有关商品销售、用户互动和广告效果的数据分析功能，以帮助卖家了解受众、了解哪些商品受欢迎，以及广告策略是否有效。抖音电商罗盘首页如图 8-16 所示。

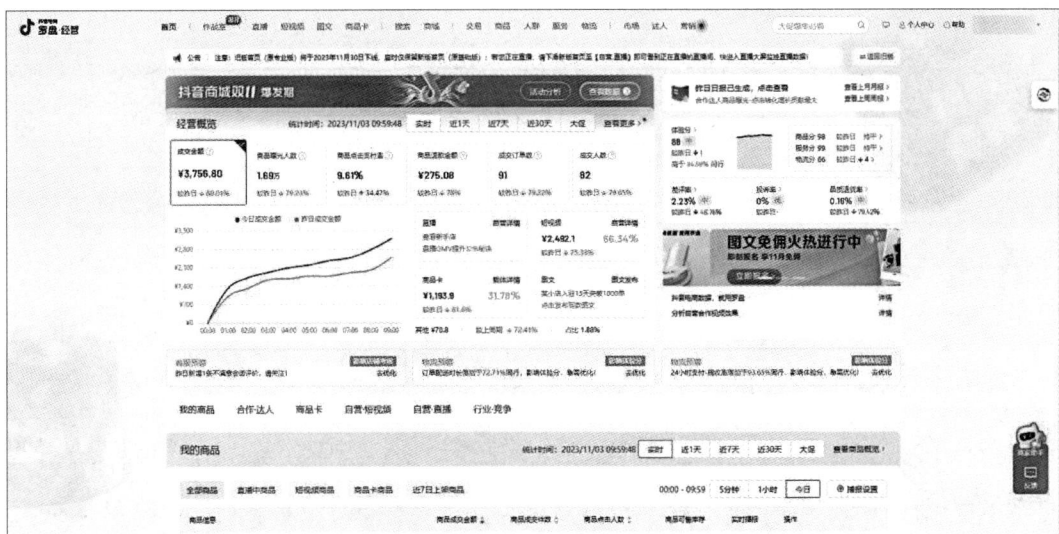

图8-16　抖音电商罗盘首页

3. 第三方数据分析工具

市场上存在多种第三方数据分析工具，专门为用户提供直播数据分析服务。其中，飞瓜数据、蝉妈妈和新抖是 3 款常见的工具。

（1）飞瓜数据。

飞瓜数据是一个为短视频创作者和主播提供数据分析服务的平台，支持抖音、快手、哔哩哔哩等多个平台上的短视频和直播内容的数据分析。该平台提供多种数据指标，包括观众互动、观看时长、转化率等。通过该平台，用户可以了解自己的直播表现和观众反馈，并且可以根据这些数据来评估直播的效果，并进行优化和调整，以提升直播的吸引力和商业价值。图 8-17 所示为飞瓜数据官方网站首页。

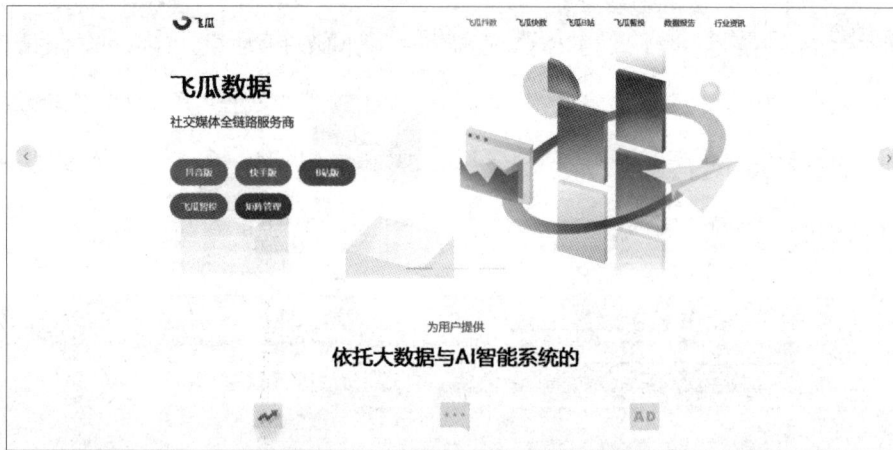

图8-17 飞瓜数据官方网站首页

（2）蝉妈妈。

蝉妈妈是一个第三方数据分析平台，专注于为抖音和小红书等平台上的达人、机构等用户提供全面的数据分析服务，旨在构建一个基于大数据的数字营销服务平台，为用户提供流量变现的解决方案。通过蝉妈妈，用户可以获得多维度的数据分析，更好地了解和优化自己在这些平台上的表现。无论是达人还是机构，都可以利用蝉妈妈的数据洞察和专业建议，提升自己的数字营销效果，实现流量变现的目标。图 8-18 所示为蝉妈妈官方网站首页。

图8-18 蝉妈妈官方网站首页

（3）新抖。

新抖专注于抖音短视频和直播电商数据分析，致力于全方位洞察抖音生态，发掘热门视频、音乐、商品及优质账号，助力账号运营变现。新抖可以帮助用户分析抖音上的短视频和直播数据，包括视频观看次数、点赞数、评论数、分享数等，还可以帮助用户了解直播销售的效果和趋势。新抖官方网站首页如图8-19所示。

图8-19 新抖官方网站首页

（二）制作数据表

通过以上平台和工具完成直播数据的采集后，需要将数据整理在 Excel 表格中，制作单场直播的数据汇总表，便于进行数据分析。如果想对不同场次的数据进行比较，可以将不同场次的数据汇总在同一个表格中。表 8-2 所示为某直播间数据表。

表 8-2　某直播间数据表

开播日期	××××年××月××日	开播时长	××小时
流量数据			
累计观看人数			
最高在线人数			
人均观看时长			
新增粉丝数			
转粉率			
商品成交数据			
销售额			
销量			
客单价			
销售转化率			
直播互动数据			
点赞数			
转发量			
弹幕词			
流量来源分析			
自然流量			
付费流量			

步骤三：掌握直播数据分析与优化的流程

直播数据分析需要按照以下的步骤展开。

（一）确定数据分析目标

确定数据分析目标是进行直播数据分析的第一步，只有明确了目标，分析才有方向。通常来说，数据分析的目标有以下 3 种：一是寻找直播间数据波动的原因，数据上升或下降都属于数据波动；二是通过数据分析寻找优化直播内容、提升直播效果的方案；三是通过数据规律推测平台算法，然后从算法出发对直播进行优化。

（二）直播数据采集

主播可分别通过直播账号平台、平台提供的数据分析工具和第三方数据分析工具进行直播数据的采集。

（三）直播数据的处理

数据处理是指将采集来的数据进行排查、修正和加工，以便于后续分析。通常来说，数据处理包括两个环节：一是数据修正，无论是从直播账号后台抓取的数据，还是从第三方数据分析工具上下载的数据，抑或是人工统计的数据，都有可能出现错误，因此获取数据后，首先需要对数据进行排查，发现异常数据，然后对其进行修正，以保证数据的准确性和有效性，从而保证数据分析结果的科学性和可参考性；二是数据计算，通过数据修正，确保了数据的准确性以后，主播可以根据数据分析的目标对数据进行计算，以获得更丰富的数据信息，激发更多的改进思路。数据计算包括数据求和、平均数计算、比例计算、趋势分析等。为了提高工作效率，主播可以使用 Excel 的相关功能对数据进行计算。

（四）选择直播数据分析的方法

直播数据分析的常用方法有对比分析法、特殊事件分析法和曲线分析法。

1. 对比分析法

对比分析法又称比较分析法，是指将两个或两个以上的数据进行对比，并分析数据之间的差异，从而揭示其背后规律的方法。对比分析包括同比分析、环比分析和定基比分析。

（1）同比是指与历史同期进行比较，同比数值主要反映的是事物发展的相对情况。例如 2023 年 10 月与 2022 年 10 月相比。

（2）环比是指本期与前一个统计期进行比较，环比数值主要反映的是事物逐期发展的情况。例如 2023 年 12 月与 2023 年 11 月相比。

（3）定基比是指本期与某个指定的日期进行比较，定基比数值表明在这段时间内总体的变化情况。例如 2023 年 10 月与指定的 2021 年 10 月相比。

通过对比分析，主播可以找出异常数据。异常数据并非表现差的数据，而是偏离平均值较大的数据。例如某主播每场直播的新增用户数为 50 ～ 100 个，但某一场直播的新增用户数达到 200 个，新增用户数与之前相比偏差较大，因此属于异常数据。主播需要对此数据进行仔细分析，查找出现异常数据的原因。

2. 特殊事件分析法

有些直播数据出现异常可能与某个特殊事件有关，如淘宝直播首页或频道改变、主播变更直播标签、主播变更开播时间段等，因此主播在记录日常数据的同时也要注意记录这些特殊事件，便于在直播数据出现异常时，找到数据变化与特殊事件之间的关系。

3. 曲线分析法

利用曲线分析法可以掌握数据走势。一般可挑 3 个左右、相关性高的数据放在一起看看其走势，从而解读数据背后的含义。

（五）直播数据分析及优化

1. 流量数据分析

以抖音平台的某直播间为例，通过采集的数据可知，最近一期的直播曝光次数为 12.45 万，累计观看人数为 1.25 万，通过计算可知，直播间点击率较低。直播间曝光次数较高，一般是由于直播间曝光途径较多、频率较高，私域流量和付费流量的双重配合，再加上平台流量的加持。但在这样的条件下，进入该直播间观看的人数少，主要考虑直播间的内容不吸引用户，付费投放不够精准，以及引流短视频的内容不吸引用户。由此，运营结合这一数据制定出相应的优化方案，如表8-3所示。

表8-3　直播间点击率优化方案

优化模块	优化内容
直播间场景	直播间的场景搭建是影响用户点击进入直播间的首要因素。美观、合适的直播间场景才能吸引更多的用户进入。直播间装修需要进行升级，从灯光、陈列等维度进行优化
主播及团队成员	主播的个人风格和形象非常重要，拥有亲和力和吸引力的主播更能吸引用户。因此需要对主播进行话术培训，减少机械性重复，优化用户的观看体验，并搭配直播团队其他成员共同营造火热的直播氛围
商品曝光	引流短视频突出商品或直播间的特点与优势，呈现较高的画像质量
权益体现	引流过程中体现直播间的特殊权益，如发放优惠券、满减、抽奖等，满足用户的直播期望
付费流量	校验广告投放人群与直播间商品目标人群的匹配度，并增加直播间的曝光度

2. 转化数据分析

通过数据可知，最近一期的直播中商品点击人数为4228人，但直播间成交人数仅为278人，属于比较典型的低商品转化情况。一般来说，用户最终没有下单购买，多是与商品价格及信任度有关。对此，相应的优化方案如表8-4所示。

表8-4　直播间商品转化优化方案

优化模块	优化内容
用户信任度	"带货"口碑及店铺品牌信息是影响商品成交的重要因素，认证抖音企业号是提高用户信任度的一种基本操作
店铺服务	提高直播间关于售后问题的回答和处理效率，加大成交后的售后服务保障力度
催单话术	通过一定的话术触碰用户的购买痛点，引导用户发现自身对商品的潜在需求

（续表）

优化模块	优化内容
宣传	避免直播间商品宣传过度，以免降低用户的信任度
商品性价比	进行同类商品的综合对比，包括价格、赠品、颜色、安全性能、工艺、品牌属性等

此外，该直播间的累计观看人数为 12500 人，商品曝光人数为 8900 人。商品曝光有所欠缺，需要从商品和话术等方向进行优化。运营制定出的优化方案如表 8-5 所示。

表 8-5　直播间商品曝光优化方案

优化模块	优化内容
商品曝光频次	直播过程中，运营需要结合主播的引导话术进行多频次的商品曝光，增加商品弹窗的出现频率
商品曝光渠道	可以尝试在评论区引导用户提及商品等
主播话术	主播需要经常提醒和引导用户点击商品弹窗或进入购物车查看商品详情

知识链接

直播间数据分析的基本思路

数据分析是直播运营中不可或缺的一部分，要想优化直播运营效果，提高直播"带货"的转化率，就要学会深耕数据。直播间数据分析的基本思路：确定数据分析目标、获取数据、处理数据、分析数据。

1. 确定数据分析目标

要进行数据分析，首先要明确数据分析的目标。通常来说，数据分析的目标主要有以下 3 种。

（1）寻找直播间数据波动的原因，数据上升或下降都属于数据波动。

（2）通过数据分析寻找优化直播内容、提升直播效果的方案。

（3）通过数据规律推测平台算法，然后从算法出发对直播进行优化。

2. 获取数据

开展数据分析首先要有足够多的有效数据，主播可以通过直播账号后台、平台提供的数据分析工具，以及第三方数据分析工具来获取数据。

3. 处理数据

数据处理是指将采集来的数据进行排查、修正和加工，以便于后续分析。通常来说，数据处理包括两个环节：第一个环节是数据修正，第二个环节是数据计算。

4. 分析数据

在完成了数据的获取与处理工作后，接下来就要对数据进行分析，目前常用的分析方法是对比分析法和特殊事件法。

素养园地

行业联合自律，推动规范发展

抖音、快手和京东3家企业联合发布了一项规范性文件《网络直播和短视频营销平台自律公约》（下简称《自律公约》）。《自律公约》旨在创新监管模式，通过自律机制来管理和规范网络直播和短视频行业的经营行为，进一步完善行业的商业推广者信用管理体系，并加强网络直播和短视频平台与政府部门的协作，提高监管效能。

《自律公约》中最为关键的是提出了协同共治的理念。这一理念强调了网络直播和短视频平台之间的协作和数据共享，通过建立有效的合作机制，共同处理行业内出现的问题，提高整个行业的规范水平。同时，《自律公约》还强调了网络直播和短视频平台与政府部门的协作，强化信息共享和执法协作，以提高监管的效能。

在具体操作上，《自律公约》提出了一系列措施，以促进行业的健康发展和规范运营。首先，要求网络直播和短视频平台建立健全网络直播和短视频营销服务协议与行为规范，明确各方责任和义务，防止不良内容传播。其次，要求平台加强对商业推广者的信用管理，建立信用评价体系，减少虚假宣传和欺诈行为的发生。最后，还要建立网络直播和短视频营销信息检查监控制度，通过技术手段和人工审核，及时发现和清除违规内容。

除了内部管理，《自律公约》还强调了行业之间的合作。平台间要加强数据共享和交流，共同研究解决行业问题的方法和策略。同时，平台也要积极配合政府部门的监管工作，主动提供信息并与相关部门共同制定执法标准和监管政策。

总的来说，《自律公约》是对当前网络直播和短视频行业发展中存在问题的积极回应，倡导自律机制，加强网络直播和短视频平台内部管理和与政府部门的协作，旨在推动行业规范化、健康化发展，提升用户体验和行业整体形象。这一公约的实施将为行业创造更加有序的竞争环境，同时也将为用户提供更加安全、可靠的网络直播和短视频服务。

同步实训

一、实训概述

本实训项目要求学生完成直播效果分析。学生能够在直播效果分析的过程中了解直播过程监控与分析的思路及方法，了解直播数据分析的维度及核心指标，熟悉数据采集方法与数据表的制作，掌握直播数据分析与优化的流程，能够独立完成直播效果的分析。

二、实训步骤

同学们根据本项目所讲的直播过程监控与分析及直播数据复盘方法，完成"年货节"直播活动的效果分析。

步骤1：直播过程监控与分析。

步骤2：直播数据复盘。

参考文献

［1］余以胜. 直播电商 理论、案例与实训［M］. 北京：人民邮电出版社，2021.

［2］隋东旭. 直播电商：从基础到实务［M］. 北京：清华大学出版社，2022.

［3］刘冬美，余涛. 直播电商综合实训［M］. 北京：清华大学出版社，2023.

［4］潘玉，陈煜，朱京坤. 直播电商综合实训［M］. 北京：中国建材工业出版社，2023.